あっけらかんの国

キューバ

革命と宗教のあいだを旅して

越川芳明

猿江商會

本書は、『日本経済新聞』夕刊の連載「プロムナード」（2014年1月～6月）に掲載されたものを中心に再構成し、大幅な書き下ろし（第3、4章）を加えたものである。

目次

コラム

思想は「他者」への奉仕である。

――ホセ・マルティ

「迷わぬ者に悟りなし」の金言をくれた母・洋子と
シベリア抑留を生きのびた父・芳雄と
僕の師匠・ガブリエル・アンヘル（Ｇａｂｉ）に捧げます。

序章

そして、司祭となる

「黒人信仰」の司祭

Babalawo

2008年の夏からカリブ海のキューバ島に通いつづけている。春と夏に、それぞれ1ヵ月ぐらい滞在するが、おもな目的は黒人信仰の「調査」だ。2013の夏、修行をして、ババラウォと呼ばれる司祭になった。

正直に言えば、最初から黒人信仰だけを「調査」の対象にしていたわけではない。欲深くキューバの文学や音楽や映画も射程に入れていた。だが、1年目のがっかりするほど表層的な「調査」を終えてから、僕はある直感を得た。

この先、キューバ文化の核心を突きたいならば、抑圧されてきた黒人たちの精神世界に深く分け入らなければいけない、と。逆に言えば、黒人信仰に親しむことで、キューバの芸術や音楽が一層分かり易くなるはずだ、と。

そうは言っても、もともと僕はアメリカ文学が専門で、文化人類学や宗教学に関してはズブの素人である。専門外だが、つねづね民俗学者の宮本常一や沖浦和光に敬意を抱いてきた。周知のように、『忘れられた日本人』や『幻の漂泊民・サンカ』といった著作は、自分の足で現地におもむき、世間の注目しない人々の暮らしを自分の眼で見て書いたものだ。

僕もそうした先人に倣うならば、黒人信仰をただ外側から眺めるだけではなく、自らも内側に入りこむような危うい道をいく必要があるのではないか。

かつてアフリカの奴隷たちは土地や所有物を奪われて、カリブ海やアメリカ大陸の植民地に連れてこられた。唯一、持ってくることができたのは、カリスマ司祭たちの思想や能力、楽師（太鼓打ちや歌手）の技術だけだった。奴隷たちの頭脳や体に記憶されたこれらの「知的財産」は、さすがに奴隷商人や宗主国の支配者たちでも、奪うことはできなかった。

だが、植民地に持ち込まれた黒人信仰も、長らくキリスト教を信じる白人支配層の人たちによって呪術扱い《カルト》を受けてきた。そのため、黒人信者たちは日本の隠れキリシタンのように、裏と表のふたつの顔を持たざるを得なかった。表面的にはカトリック教会の聖者の名前を呼びながら、アフリカの神霊《オリチャ》を思い起こすのである。

キューバのさまざまな黒人信仰の中に、西アフリカのヨルバ語族の人たちが受け継いできた「サンテリア」と呼ばれるものがある。僕は運よく知り合いになった黒人司祭によって、2009年夏、ハバナの下町で入門式をしてもらった。

それ以来、師匠のあとについて、ありとあらゆる儀式や入門式に参列させてもらい、それを文章にしてきた。司祭は、なんでも屋である。さまざまな儀式を取り仕切るMC（マスター・オブ・セレモニー）、適切な薬草を選んで治癒を施す医者、生け贄の動物をさばく屠畜《とちく》人、依頼者にその運勢を伝える占い師。

最後の占いの体系と技術だけは、複雑すぎて分からなかった。これより深い思想体系に分け入るには、司祭になる修行をするしかない。これまで日本人で司祭になった者はいない。その修行については、大いに書く価値があるのではないか。そういうさもしい打算も働いた。

ところが、修行の第1日目に厳命された。これからおこなうイニシエーションは秘儀だから、絶対に口外してはならない、と。僕はつたないスペイン語で、「(もし破ったら)命をもって償います」と、誓っていた。

生け贄の山羊を引く司祭。こうした生け贄は、キューバの黒人信仰では欠かすことができない存在だ。

第一章

庶民の叡智《えいち》

ふたりの「イチ」

Dos Ichi

夕方に、ハバナの下町を散歩していると、穴ぼこだらけのコンクリート道路で、大勢の少年たちが遊んでいる。

すこし気になって、国連の「人口推計（2010年1月）」を調べてみたが、キューバの全人口（1124万人）に対する若者（15歳未満）の割合は17パーセント。日本が13パーセントなので、特に子供が多いというわけではなさそうだ。

ハバナの下町は人口密集地で、子供も多いが、大人や老人も多いのだ。

上半身裸になり、草野球をしている若者たちに目が止まった。ボールの代わりにペットボトルのキャップを、バットの代わりに棒切れを使っていたからだ。

思えば、日本でも戦後間もないころ、狭い路地や神社の境内で、二塁ベースのない、いわゆる「三角ベース野球」をしていたものだ。

少年たちに頼んで、棒切れを借りて、バッターボックスに立たせてもらった。ピッチャーが投げるまえに、ひとつ格好をつけてみた。

棒切れをピッチャーのほうにまっすぐ向けて、もう一方の手のひらでバットを持ったほうの二の腕のあたりに触れたのだ。

すると、ある少年が「イチロー！」と叫んだ。

僕は「いかにも！」とばかりに、少年のほうを見てうなずいた。オレに任せろ、ハバナ湾までかっ飛ばしてやるからな。

4年に1度開催される〈ワールド・ベースボール・クラシック（WBC）〉は、キューバの国営テレビが本国の試合のみならず、日本戦をふくめ多くの試合を放映する。

だから、イチローだけでなく、マツザカ、ダルビッシュ、イワクマぐらいは、みな知っている。

あるとき、キューバ人の友達が、このまえの〈WBC〉におまえの親戚が出ていたな、と言った。

初めは「ええっ、誰が？」思ったが、すぐにソフトバンクの「ウチカワ」選手だと分かった。名前を漢字で書けばまったく違うが、音の響きが似ているからだ。ちなみに、キューバ人はkoshikawaのshiの部分を「チ」と発音して、僕のことを「コチカワ」と呼ぶ。

キューバ人は野球選手だけでなく、けっこう日本人のことに詳しい。

分野を問わず、キューバでいちばん知られている日本人は誰かと言えば、それは勝新太郎だ。

ハバナ大学で映画学を講じるピエドラ教授によれば、1967年から6年間で、なんと13本の『座頭市』シリーズがキューバで上映されたという。勝の演じた座頭市は、「イチ」の愛称で親しまれ、いずれの作品も大ヒットし、いま60歳以上の人たちは、必ず若い頃に見ていた。

そのプロモーションを担当した人も、「映画館の前にできた行列は、最後尾が見えなかった」と述懐する。

さて、バッターボックスに立った偽者のイチローは、あえなく三振を喫した。ペットボトルのキャップは変則的な曲がりかたをして、とても打てる気がしなかった。

ひとりの老人が道路沿いの家の玄関前にすわって一部始終を見ていた。僕が棒切れを少年たちに返そうとすると、老人が僕に向かって「イチ！」と声をかけた。

うまい言い訳ができた僕は、その場ですぐさま目をつぶると、棒切れを杖代わりにして、2、3歩よろめいてみせた。

日本刀の手入れをするピエドラ教授。年配のキューバ人に『座頭市』はとてもなじみ深いという。

海賊テレビ

Emisión pirata de televisión

「闇市」とは、正規のルートでなく、品物の売買をすることだ。

戦後生まれの僕たちは、たとえば、野坂昭如の小説などで読んだことがあっても、実際に目にしたことはない。まして、今どきの若者たちにとっては、きっと死語になっているだろう。

あるとき、ハバナの下町にある友達の家に寄ってみた。すると、玄関のすぐそばにあるリヴィングルームに近所の子供たちが集まっているではないか。

いくらキューバが貧しいといっても、テレビぐらい一軒に1、2台はあるのに。

それでも、子供たちが大勢集まって、全員、テレビのほうに向かって床に腰を下ろしている。

僕はふと、自分の家にテレビのなかった小学生の頃に、近所の友達を誘ってテレビのある駄菓子屋へ行ったことを思い出した。他の子供たちにまじって、奥の大広間に鎮座したテレビの前にすわり、大相撲の実況中継を見せてもらったのだった。

これ、どうしたの？　と友達に理由を聞くと、これからスペインのプロサッカー、マドリードとバルセロナの一戦（スペイン国王杯）があるのだという。

通常の国営放送ではなく、衛星放送と聞いて驚いた。

衛星放送は、外国の観光客が泊まるハバナやリゾート地の高級ホテルでは流れているが……。詳細は教えてもらえなかったが、誰かが受信したものを分けてもらっているらしい。市民同士の監視装置である〈革命防衛委員会（CDR）〉の目をうまくかいくぐって。

政府がいくら統制しても、世界からの情報はこうして末端にまで入ってくる。

だから、僕はひそかに夢見ている。いま世界一流のプレーを「海賊テレビ」で見ているハバナの貧民街の子供たちの中から、ブラジルのネイマールのようなスーパースターが誕生するのを。

外に出て見ると、手作りの小さな鉄製ゴールを両サイドにおいて、子供たちが裸足のフットサルをしている。キューバと言えば、野球や柔道、ボクシングなどがメジャースポーツで、国家も選手の養成に力をそそぐ。それに比べると、サッカーはマイナースポーツにすぎない。

それでも、サッカーがキューバの子供たちにとって人気なのは、国営テレビが流すワールドカップのおかげだ。

たとえ自国が参加していなくとも、数多くの試合を放映するからだ。周知のように、キューバはいまや世界の数少ない社会主義国で、テレビ局はすべて国営放送だ。

ハバナの友達が、僕に皮肉ではなく言ったことがある。「政府のお偉方は、ほんとうに頭がいいよ」と。

スポーツ番組をたくさん流して、国民の不満をうまく逸《そ》らしている、と言いたかったようだ。

さきほどの「海賊テレビ」は、ときたままったく映らなくなることがあるらしい。

友達が言った。「政府が妨害電波を流してるんじゃないか」と。

政府のほうだって、見て見ぬ振りをしながら、ときどき見ているぞ、という「電波」を送っているのだ。

路上でフットサルに興じる少年たち。ゴールは手作りで、裸足の子もいる。

毎日が祝祭日だったら

Si estás todo el año de vacaciones...

シェイクスピアの戯曲は「逆説」の宝庫だ。

「毎日が祝祭日だったら、遊ぶことは働くことと同様に、退屈なものになるだろう」

ひと捻《ひね》りしたこんな箴言《しんげん》が出てくるのは、『ヘンリー四世　第一部』だ。ハル王子が放蕩な暮らしをする巨漢フォルスタッフに忠告する。たまの休みだからこそ、それを楽しみにする気持ちが湧いてくるのだ、と。

あるとき、まだ強烈な陽射しが残るハバナの下町を歩いていた。家の玄関先にのんびりと腰をおろしている老人が多い。

「マレコン」と呼ばれる海岸通りは、町の北側のはずれにある。だから、南北に走っている道路で日陰を見つければ、メキシコ湾流からの浜風を浴びることができる。問題なのは、いつも真上から陽が射してくるので、日陰がほとんどないということだ。

仕方なく、玄関のドアを開けっ放しにして、デッキチェアか腰掛けかを置いて涼むことになる。外から中がまる見えで、人間も生活も開放的にならざるを得ない。

キューバの老人と言えば、フィデル・カストロを思い浮かべる人も多いだろう。20世紀最大のカリスマ政治家のひとりだ。'59年にバチスタ独裁政権を倒して革命を成し遂げた。共に戦ったゲバラと同様に、大変な読書家で弁が立ち、著作も多い。

あるいは、ヴィム・ヴェンダース監督のドキュメンタリー映画『ブエナ・ビスタ・ソシアル・クラブ』に出てくるようなミュージシャンたちを思い起こされる向きもあるかもしれない。ボレロの得意な歌手イブライム・フェレール、紅一点60年以上の歌手キャリアを誇るオマーラ・ポルトゥオンド、しぶい低音が魅力のコンパイ・セグンド。いずれもスター性があり、舞台映えのする老人、老女だ。

だが、下町の老人たちは、あれほど格好よくない。ランニングシャツのお腹のあたりがぽっこり膨れていたり、歩く姿も、颯爽というわけにはいかなかったりして。見かけだけなら、ちょうどフルナンド・ペレス監督の『永遠のハバナ』（2003年）に出てくる、しがない靴の修理屋の老人みたいだ。地味な仕事で、冴えない顔をしている。

ところが、このうだつが上がらないダメ老人が侮れないから面白い。夜になると、クローゼットから選んだ一帳羅《いっちょうら》でビシッと決めて、ダンスホールに行き、自分より遥かに年下の女性たちと華麗なステップを踏むからだ。着こなしといい、動作といい、垢抜けたダンディな老人に変身する。

肩書きや地位をひけらかすのではなく、趣味のダンスで見ず知らずの若い女性たちをリードし、魅了する。

この老人にとって、靴の修理という仕事は、生計の手段でしかない。遊びこそが「生き甲斐《がい》」である。

シェイクスピアが言うように、退屈な仕事があるからこそ、遊びに力が入るのだ。

ハバナの下町を歩きながら、僕は玄関先に佇《たたず》むぱっとしない老人たちがどのように華麗な変身するのだろうか、と想像する。

そして、情けないことに、「それでも、休日は多いほどいいなあ」と、それこそダメ老人のつぶやきをもらしている。

フェスティバルでチャルメラを吹く老人。キューバにはこうした中国伝来の文化も根付いている。

人を謙虚にする本

Libros que nos hacen modestos

ハバナに住む野球通たちの群がる中央公園の東のほうに、オビスポという有名な通りがある。路地のように狭い通りの両側には、観光客のためのレストランや土産物屋のほかに、婦人服やバッグ、化粧品などを扱う店が立ち並ぶ。

車両は進入禁止で、いつも大勢の外国人観光客でごった返している。

地元の人たちも、外で順番待ちの群れをなしていて、何の店かと思えば、通信機器（特に携帯電話）の契約を取り仕切る国営店だ。

繁華街の入口には、ヘミングウェイが晩年に通ったバーがある。

いまは国営店だが、カウンターの片隅に作家の等身大の銅像が置いてある。片肘をカウンターに休ませ、入口のほうを向き、まるであなたが友人であるかのように出迎えてくれる。それで、あなたは作家のそばまで行き、記念撮影をする。

誰もがフローズン・ダイキリが作家の好んだ飲み物だと知っているようだ。まわりを見れば、どのテーブルにもそのカクテルグラスが並ぶ。

世界的に有名なアメリカ作家は、キューバ革命の英雄チェ・ゲバラと同様に、死後も長らくこの国の「観光資源」として活躍中だ。

だからといって、今後、あなたがハバナ郊外の漁村を舞台にした小説『老人と海』を手に取る機会はあるのだろうか。

この通りをしばらく歩いていくと、右手に両替所の掲示板が見えてくるが、その手前に、僕のお気に入りの書店〝ファヤド・ハミス〟がある。

新刊書が150円ぐらいの値段で手に入るので、ついトランクに入りきれなくなるほど買ってしまう。

新装したばかりで、冷房も効いている。店の奥には、ご丁寧にも大きなソファーが置いてある。これでコーヒーが飲めたら……。そんな贅沢を言ったら罰があたるというものだ。

あるとき、午後2時から6時まで、ソファーにすわり、まるで図書館みたいに、ノートにメモを取りながら過ごしたことがある。

それでも、店員たちから文句を言われたことはない。社会主義の国で、店の売り上げが彼らの給与に大きく影響することがないからかもしれない。

オビスポ通りの雑踏がわずらわしく感じられるときは、ハバナ大学の近く〝アルマ・マーテル〟という、これまた品揃えのよい店に行く。

ここもまた、こぎれいな店で、冷房が効いていて、たくさんの新刊書が置いてある。

大学人である友人によれば、キューバ政府はテレビやラジオ、新聞などのマスメディアには規制が厳しいが、本や雑誌はそれほどでもないという。部数が少なく、目に触れる人が圧倒的に少ないからだ。

知識人たちは、口コミで良書が出たと知ると、たとえ自分で買ってなくても、友達や知り合いから借りて読む。そんな「まわし読み」の文化が根づいている。だから、世界の情勢に疎いということはない。

「旅は人を謙虚にする」という名言を吐いたのは、フランスの小説家フローベールだ。旅によって、「世界の中で自分の占める位置がいかに小さいかを知ることができる」からだ。

本の好きな人で、傲慢な人はいない。旅と同様に、本の世界もまた人を謙虚にする。

ハバナの旧市街にあるファヤド・ハミス書店。おしゃれなブックカフェのような雰囲気だ。

「不便さ」の幸福

Felicidad en incomodidades

1日のうちに、必ず水道の水が出なくなる時間帯がある。だから、たいていの家庭は貯水タンクを備えている。ちょくちょくある停電も困る。しかし、停電も、考え方次第で、ポジティヴに捉えることができる。テレビも何も見られないのだから、さっさとベッドに入るしかない。そうすれば、1日の疲れを癒す睡眠時間が長く取れるし、パートナーがいれば、愛を確かめる時間が確保できるというものだ。

キューバでは、ガスや水道、電気、道路、電話、インターネットなどのインフラが十分整備されているとは言えない。とはいえ、インフラ整備が遅れていることは、果たして「不幸」なのだろうか。

たしかに、「不便」でない生活のほうがよいと感じる。僕たちは18世紀の蒸気機関の発明を転機にして、生活の快適さや効率のよさを追い求めつづけてきた。いま先端産業はハードな重工業からソフトなハイテクへとシフトしているが、「不便」は「不幸」、「便利」は「幸福」といった基本的な「等式」は変わらないままである。果たして、産業文明の根底にあるそうした「等式」は、正しいのだろうか。

インターネットが整備されて便利になったが、真夜中に同僚からどうでもいいメールが届き、目が覚めてしまい眠れなくなった。そういうグチをこぼした友人がいる。

あるとき、僕の同僚のひとりが、『赤毛のアン』の中にあるエピソードを教えてくれた。アンのいる村にも電話が開通することになり、どこの家でも「便利さ」を求めて、電話を引くことに躍起になる。約100年前のことだ。他人の家の出来事が手に取るように分かるようになる。だが、ひとりだけある老女が電話回線を引くのを拒む。老女は最新の情報機器を「モダン・インコンビニエンス」だと言い切る。僕の同僚はその老女の言葉を「現代の不便」という直訳でなくて、ほかにうまく意訳できないか、思い悩んだという。そして、とうとう「便利は不便」という日本語訳を思いついた。

キューバは慢性的なモノ不足に悩まされている。キューバ政府は、それを米国の経済封鎖のせいにする。'60年代からずっとその被害を被ってきたのだ、と。たしかに、その通りかもしれない。だが、賢明な庶民は怒りを募らせたりしない。そんな口実は何十年も聞かされてきた。アメリカに腹を立てても、腹はふくれないのだ。むしろ、庶民はモノを捨てないで、大切にする習慣を身につけた。それが生きる秘訣だから。

そうした庶民の叡智《えいち》が端的に表れているのが、米国に亡命した富裕層が置いていったアメ車の存在である。世界広しといえども、'50年代のクラシックカーが現役で走っているのはキューバぐらいなものだろう。ガソリンが恐ろしく安かった時代に製造されたので、ボディは重たく頑丈な鉄板だ。内装は現在の所有者によって改造されていて、応接間のソファみたいにゴージャスな座席から硬い木板まで千差万別。ダッシュボードのメーター類はまったく動かないが、オーディオデッキは必ず取り付けてある。それにメモリーフラッシュを差し込んで、レゲトンやサルサなどを大音響でかき鳴らす。ボンネットを開けてもらわなくても、エンジンは分かる。たいてい日本製か韓国製、あるいは英国製かドイツ製だ。モノがなければ、人は工夫をする。修理の技術も磨かれる。

一方、日本では、スーパーの売り場に象徴されるようにモノが溢れている。モノがたくさんあることが「幸福」であるかのような幻想をつくりだす。だが、すべての現象には利点があれば、欠点もある。モノの欠点は、人間の欲望と同様に、キリがないということだ。だから、モノに取り憑かれた人間は幸せになれない。この辺でいいや、と満足できないから。

いま、日本ではそうした行き過ぎた消費生活を見直す「里山資本主義」という思想が語られ始めている。モノが必ずしも幸福をもたらさない、ということを私たちは学んだのである。それに対して、キューバは、いま社会主義から「里山資本主義」というか「プチ消費主義的」な世界へ移行しようとしているように見える。僕のキューバ人の友達のあいだでもすでに経済格差は生まれ始めている。

現役で活躍中のクラシックカー。1950年代のアメリカ製だが、エンジンはアメリカ製ではない。

キューバ人は、辛いものが苦手？

¿A los cubanos no les gusta la comida picante?

キューバに行き始めて、いちばん驚いたのは、辛い食べ物が苦手な人が意外と多いということだ。かつて僕はメキシコをあちこち歩きまわり、トウガラシを使った辛いサルサソースに慣れ切っていたのかもしれない。「郷に入れば郷に従え」で、トウガラシ料理ばかり食べていたおかげで、気管支をやられて、声が出なくなったこともある。

コミダ・クレオーリャと呼ばれるキューバの家庭料理は、コングリ（ブラックビーンの入った炊き込みご飯）に、フリホル豆のスープ、豚肉か鶏肉からなる素朴な料理だ。野菜はあまり食べない。せいぜいキャベツの千切りとかトマト、キューリぐらいだ。それで1度アビチュエラというインゲン豆を天ぷら料理に使ってみたら、キューバ人たちから、まるでトランプの中から鳩を出したかのように、驚かれたことがある。

ともかく、キューバ人は全体的に甘い味付けが好きなようだ。砂糖があらゆるキューバ料理や飲料水に入っている。エラドと呼ばれるアイスクリーム、バティドと呼ばれるフルーツの生ジュース、エスプレッソで飲むコーヒー（クリームは入れない）、ポタへと呼ばれる豆スープ、グアラポと呼ばれるサトウキビの搾り汁。持参したティーバックで緑茶を淹れてやると、彼らは必ず砂糖をたっぷり入れて飲む。

師匠の新しいパートナーが「辛いものを食べると血圧が急激にあがって」と、僕に弁明するが、甘いものだって食べすぎは危険なのだが……。ハバナのベダド地区を歩くと、シネ・ヤラという映画館の前の公園に、コッペリアという有名なアイスクリーム店があり、いつもハバナっ子が長蛇の列をなしている。

日本の農畜産業振興機構が作成した面白い統計がある。国別に、国民一人当たりの砂糖の年間摂取量（2015／16年）を調べたもので、それによると、キューバが世界一である。一人が71キログラムの砂糖を消費している。一日に換算すると194グラム。コーヒーシュガー（4グラム）に換算すると、一日に48個分。これはカロリーで言うと、吉野家の牛丼大盛り（750キロカロリー）一杯分にあたる。

ちなみに、日本人は18キログラムと少ない。コーヒーシュガーで一日12個。カロリーで言うと、女性用の茶碗にご飯一杯程度にすぎない。

病気のことが気になる。とりわけ糖尿病だ。国際糖尿病連合によれば、世界には、2014年現在、成人（20歳～79歳）の糖尿病患者が3億8千7百万人いるという。キューバの場合、成人の糖尿病患者は70万人である。これはキューバの全成人の8.4パーセントで、世界平均（8.3パーセント）

をやや上回る程度。だが、実際に街で見かける中年女性は、みなお腹がふっくらしていて、糖尿病患者予備軍に思える。ちなみに、日本は7.6パーセントで、それほど多くない。

キューバに行けば、僕はキューバ人と同じ酒を飲み、同じ食事をとることにしている。だからではないだろうが、ここ数年は、健康診断のたびに血糖の数値が高い。

糖尿病の初期の頃には、症状が表に現われないことや、身近に医療施設や安価な薬がないこともあり、世界の患者の半数近くが治療を受けていないという。だが、キューバでは、未治療患者は2.3パーセントしかいない。日本は4パーセントだから、いかにキューバ人は医療の恩恵に浴しているか、この数字だけでも分かるかもしれない。ちなみに、キューバは社会主義国で、医療は無料である。

ハバナの南東に位置するシエンフエゴス州のサトウキビ畑。州の主な産業はもちろん製糖業だ。

国民ひとり当たりの砂糖の年間摂取量（2015／16年）

キューバ	71 kg
ブラジル	65 kg
グアテマラ	63 kg
オーストラリア	60 kg
ベルギー	56 kg
日本	18 kg

※農畜産業振興機構の統計による

長蛇の列

Cola larga

ハバナでは、人々が道で大勢たむろしている風景をよく見かける。

日本では「長蛇の列」と言うが、だいたいまっすぐ並ぶ方式である。キューバ人は同じ蛇でも、大雑把にとぐろを巻いている感じである。バス停でもアイスクリーム店でも、仮に大勢の人が待っているところへ行くとしよう。キューバ人ならば、必ず「ウルティモ?」と、大声を張りあげる。最後の人は誰ですか? という意味だ。自分よりひとつ前で待っている人が誰であるかが分かれば、どこか日陰を見つけてそこで待てばよい。炎天下できちんと列を作って、いつ来るかもしれないバスや自分の順番を待っているより、ずっと合理的だ。そういう意味では、キューバ人(ハバナっ子)は、ラテンアメリカの中では、情に訴えるより、割り切ったモノの考え方をする人たちかもしれない。

数年前のこと。キューバの大学から研究者ビザ用の招聘状を送ってもらい、東麻布のキューバ大使館で3カ月滞在のビザを作ってもらった。だが、ハバナの空港の税関では1カ月分の滞在しか認めてもらえなかった。市内の税関事務所で更新の手続きをすれば、問題ないと言われた。そこで、期限が切れる1週間前に町の税関を訪ねると、例によって大勢の人が待っていた。ようやく自分の番が来たと思ったら、この件では別の税関に行かないといけない、と言われた。そこで、そちらの税関に行ってみた。そこでも大勢の人が待っていた。ようやく自分の番が来たと思ったら、こんどは大学の国際課に行くように言われた。人に道を訊きながらふたつの税関をはしごしても、まったく進展がなかった。がっかりすると同時に、腹も立ち不安にもなった。

社会主義国の官僚制は最悪だ。グティエレス・アレア監督の『ある官僚の死』（1966年）という映画では、叔父の死体の埋葬をめぐって、役所のたらい回しの犠牲になる主人公が登場する。そうした役人たちの体質は何年経っても変わらないのだ。役所では、仕事柄、業績主義を取りにくい。市民に喜ばれるどんなに立派な仕事をしたところで、給料や昇級には影響しない。上司に喜ばれる仕事をする者だけが得をする。それは多かれ少なかれ資本主義社会でも同じかもしれないが、市民の声を聞くシステムのない社会主義社会では、権力のピラミッドの底辺に質《たち》のわるい小役人たちが跋扈《ばっこ》する。上司には楯を突けないので、市民に対してわざと仕事を遅らせて意地悪をする。意地悪をしたところで、罪に問われないのだから平気である。力の弱い市民は、心づけという名の賄賂を渡して、仕事をしてもらうことになる。

長蛇の列と言えば、最近では、ハバナのオビスポ通りの「エテクサ」（キューバ電信電話公社）のオフィスの前は、いつも黒山のような人だかりである。電話回線を引きたい人、インターネットをやりたい人、携帯電話を始めたい人、電話代を払いたい人などが、いろいろな目的で道路に群がっている。でも、いちばん多いのは、携帯電話を始めたい人だろう。キューバ人は待つことに対して、合理的なモノの考え方をすると同時に、相当に我慢強い印象を受ける。待たされることに慣れているというべきか。

実は、僕たちも、携帯電話のない時代には待つことを厭わなかった。たとえば、僕の学生時代、駅前で待ち合わせをして、30分や1時間ぐらい待っていても平気だった。ご親切にも、駅には小さな黒板があって、「5時半まで待ったが、先に行くぜ。YK」とか、書き置きをしたものだ。40年前のことである。

いま、キューバでは急速に携帯電話が普及してきている。市民の時間感覚も、当然、変化するだろう。やがては待つことに我慢できなくなるかもしれない。

「ほかのラテンアメリカの国では、「アオリタ（英語でナウ）」というと、「いま」を意味するけど、キューバでは「アオリタ」というのは、「あさって」を意味するかもしれない」。キューバの友人はそう言って、キューバ人の時間感覚を笑う。

ということは、あの小役人は、仕事を遅らせて僕に意地悪をしたのではないかもしれない。そうした緩い時間感覚の中に生き、僕みたいにあくせく仕事をすることに意味を見いだせなかっただけなのだろう。

ハバナの中心街でバスを待つ人々。彼らにとって「待つ」ことは日常なのだ。

新しい結婚のかたち

Nueva forma de matrimonio

ハバナのような大都市では、子供の数が多い。セントロと呼ばれる街の中心部を歩いていて、なんとなく活気を感じるのは、そうした若い熱気が溢れているからだろう。10代後半で子供を産んでいる女性も少なくない。日本には「子宝」という表現があるが、キューバにも「子どもは、最高の家宝である」という格言がある。

ところで、キューバ人は一生のうちに何度くらい結婚し、離婚しているのだろうか？

身近にいる友達を見ていると、一生のうちに、少なくとも3~4回は伴侶を替えているような気がする。キューバ人の平均寿命は、男76歳、女80歳なので、子供が産めるのをだいたい16歳以上とすると、だいたい16~20年に1度は結婚相手を替えていることになる。もちろん、これは一般論であって、都市部のインテリ層や貧困層では、パートナーを替える頻度は平均値より高くなるかもしれない。

面白い統計がある。キューバ人の離婚率を扱ったものだ。ハバナ大学人口統計学研究センターのマリア・エレーナ・ベニテス研究員によると、1970年には結婚した100組につき22件の離婚があったが、1981年には39件、2009年には64件と増えた。つまり、離婚率は1970年から2009年までに、ほぼ3倍になったという。結婚したカップルの6割以上が離婚しているのである。(1)

スペインやイタリア、南米の諸国では、カトリック教会で結婚をすると、あとで厄介なことになる。カトリック教会が離婚を認めていないからだ。キューバ社会も、革命(1959年)以前はカトリック教会の支配が強い家父長制社会だった。そんな社会では、結婚は女性にとって、一種の「就職」だった。女性は経済的な安定を得るために結婚したのだ。「革命前の結婚は、愛情でするわけではなかったから、逆に長くつづいた」。そういう逆説を述べるのは、僕の親友で、彼自身これまでに5度結婚したというピエドラ教授だ。

だが、革命後、富裕層と結びついていたカトリック教会は権力を失う。結婚や離婚は公証役場への届け出だけで済むようになる。しかも、革命社会は、貧富の差をなくすことをめざし、女性の社会進出をうながす。カトリック教会の「倫理」というくびきもなくなり、女性が経済的な力をつけ、離婚し易い社会へと移行する。結婚は「打算」ではなく、愛情だけでするようになる。

身近にいる若いカップルを例にとってみよう。ハビエル君(22歳/1993年生まれ)は、キューバ生まれの白人で、4歳のときに両親と共にコロンビアに移住。ボゴタ育ちだが、国籍はキューバだ。両親は離婚し、母親と共に2008年に帰国。父親はいまフロリダのタンパでハビエルの祖父と住み、レストランで料理人をしている。ハビエルは1度米国で暮らしたことがあり、グリーンカード（永住権）も取得。だが、移民したいとは思わない。母親はリゾート地に家を建て、観光客向けの民宿を経営する予定。ハビエルは年に6、7回、外国に女性服やアクセサリーの仕入れに出かける。一方、アンナさん（25歳／1990年生まれ）は、英語も話す頭の回転の速い早い白人女性。大学では心理学を学んだという。両親ともに医者だ。母親は麻酔医としてベネズエラに派遣されたあと、米国のネブラスカ州オマハへ移住。父親はハバナで整形外科医をしている。彼女は、ハバナの郊外ボジェロ地区にあった祖父の家を相続している。ハビエルとは約1年の付き合いで、いわばビジネスパートナー。ハビエルが海外で仕入れてきた服などを、彼女が女性のネットワークで売りさばく。夢は結婚と子供を作ること。実は1度、祖父の家を相続するために書類だけの偽装結婚をしている。子供も、いままでカネ稼ぎで忙しく作っている暇などなかった。2016年の9月にハビエル君と結婚し、コロンビアに仕入れを兼ねて、ハネムーンに行く予定。

これまでの革命社会と違い、ふたりのあいだには「商売」という思惑が絡んでいる。だから、その思惑がうまく行っているかぎり、ふたりの関係は安泰かもしれない。いま、キューバでも個人ビジネスが解禁になって、そうしたカップルが増えてきているように思える。

(1) サラ・マス（安井 佐紀訳）「キューバ式離婚事情」、キューバ女性連盟機関誌『女性たち』第538号、2011年5月12日—18日号。とはいえ、この離婚率の算出法には問題がある。ある年の婚姻届出件数を離婚件数で割っただけで、婚姻したカップルが離婚したとは限らない。国連は別の算出方法を使っていて、年間離婚件数を10月1日現在の人口総数で割り、それに1000を掛ける。それによれば、2010年度の世界の離婚率のリストは、1位ロシア（4.7％）、2位ベラルーシ（4.1％）、3位ラトビア（4.0％）とつづき、キューバは、ベルギーと並び7位（2.9％）。ちなみに、離婚が多いとされる米国は4位（3.6％）、日本は圏外（2.0％）である。

路上でビー玉遊びに興じる少年たち（ハバナの旧市街）。日本ではあまり目にしなくなった光景。

無駄足は無駄足ではない

Ir para nada

確かにキューバは経済停滞が著しい。日本に比べれば、店にはモノが少ない。まず、どこの店に何があるか、捜す必要がある。だから、買う気がなくても、ときたま店の中を覗いて、どの店にどんな品物があるか、在庫を知っておくことは大切だ。

いざと言うときに、無駄足を避けることができるから。だが、実は、無駄足は無駄足ではないかもしれない。

キューバ人は、街で友人や知人たちと挨拶をかわしたあと、細かい情報交換をしている。これもモノ不足が常態化しているから、その対応策と言うべきだろうか。目指す品物に出くわせなくても、そうやって新たな情報を得られるかもしれないから、無駄話もばかにできない。

あるとき、街で得てきた情報をもとに、師匠がカンピスモ（キャンピング）に行かないか、と僕を誘う。きれいなビーチに行って、2、3日ののんびりバカンスを過ごそう、というのだ。もちろん、師匠にはそんな経済的な余裕はない。もし僕が行こうと言えば、旅費は僕が負担することを意味する。「どのくらいかかるのか」と尋ねると、にやりと笑って、「それがものすごく安い」と答える。さらに、「どのくらい」と突っ込むと、8人乗りの貸し切りの自動車（運転手付き）と、寝室2つと台所のついた一軒家をまるごと貸し切るという。「3泊しても、たったの160兌換ペソ（2万円程度）さ」

人のカネをアテにしながら「たったの」という言い方が少々気になるが、確かに、世界的なリゾートであるバラデロのホテルで過ごそうと思ったら、交通費・食事込みで、1人1泊3万円はくだらない。だから、この「バカンス」はひどく格安だ。昔から、日本では「安物買いの銭失《ぜに》い」とか「安物は高物」と言うではないか。

だが、師匠によれば、向かう先はプラヤ・ヒロンだという。バラデロはキューバ島の北側、メキシコ湾流に面したビーチだが、プラヤ・ヒロンは南側、カリブ海に面したビーチだ。ハバナ市内から200キロほど。高速道路を車で飛ばせば、2時間半ぐらいで着く。

プラヤ・ヒロンは、英語では「ピッグズ湾」とも呼ばれ、キューバ革命直後の1961年4月に、亡命キューバ人からなる部隊が米中央情報局（CIA）の支援を受けて武力侵攻を試みた歴史的な舞台。彼らはカストロの指揮する革命軍の反撃に遭ってあえなく敗れ去る。

ビーチから100メートルほど離れたところに博物館があり、庭には当時の戦車が2台、戦闘機が1機飾られている。戦没者の名前を刻んだ慰霊碑があり、フィデル・カストロの言葉が添えられている。「いま、どんな場合でも、死にゆく者は、キューバの人として、プラヤ・ヒロンの人として死ぬだろう。それだけのために、真理のために、放棄できない独立のために」と。

プラヤ・ヒロンには、ビーチから1キロほど離れたところに住宅地があり、ほとんどの家が民宿をやっているか、レンタルハウスの看板を出していた。

ビーチは遠浅で、200メートル沖に大きな堤防が築かれていて、波がビーチに押し寄せないようになっている。キューバ人は冷たい水が苦手のようで、午後に温泉のようにぬるくなった水に浸かってのんびりしているのが好きなようだ。

浜辺を歩いていくと、水に浸かっている黒人女性たちから、「中国人《チノ》！」と呼びかけられた。見るからに、祖母を中心に母と叔母、娘といった感じである。僕が「前にいる日本人！」と、応じると、彼女たちはケラケラと笑った。「背後にいる中国人（は不吉）」というキューバの諺《ことわざ》をひねってみたのだ。彼女らもそれほど裕福そうに見えないが、それでも一軒家を貸し切って、格安のバカンスを楽しんでいるのだろう。カネがなくてもモノがなくても、人生は楽しめる。幸福のかたちは、ひとつではない。彼女たちの笑顔がそのことを表わしていた。

さて、ハバナの宿での食事に慣れてくるころ、「今夜はシチューでも作ってあげよう」と僕が切り出すと、女将は「今夜は料理の手間がはぶける！」と喜んだ。

「じゃ、材料を買ってくる」と僕が言うと、「キューバじゃ、そうは言わない。材料を捜してくるって言うのよ。あるかどうか、分からないから」と笑った。

ハバナのマリアナオ地区からバカンスにやってきた大家族。女性の結束は固い。

死者の生命力

Signos vitales de los muertos

ビクトルの母親が亡くなったらしい。ある朝、師匠が僕にそう告げた。ビクトルは師匠の子供の頃からの親友。実は、ビクトルも司祭歴10年の司祭である。

若い頃は商船の船員をしていて、日本をはじめアジアにも旅したことがあるという。スペイン語以外にも、英語も堪能だ。プッシーとか、人前で絶対に言ってはいけないスラングもいろいろと知っているが、もちろん、普段はそんな言葉は絶対に使わない。

ハバナのマリアナオ地区にあるビクトルの母親の家は、何度か訪ねたことがある。

僕と師匠は、乗り合いタクシーを降りると、ビクトルの家まで歩いていく。儀式の前にちょっと寄っていくのである。入口のドアのすぐ向こうにある小さな居間で、冷たい水をもらい、喉をうるおしながら仕事の打ち合わせや世間話をする。そんなときに、母親が奥の部屋からぬっと顔を出して、私たちと挨拶をかわす。

彼女がどんな顔つきをしていたのか、思い出そうとしても、記憶がはっきりしない。むしろ、彼女はまるですでに死者の仲間入りをしているかのように影が薄い存在だった。

人間の死をめぐっては、あるアメリカ作家が面白いことを言っていた。その作家によれば、人間は長く生きていると、魅力的な穴があいてきて、その穴から死者たちが招き入れられるのだという。体の中が死者でいっぱいになったら、その人間は死ぬ。死んだ人間はどうなるのか。別の人間の魅力的な穴を見つけ、その中に招き入れられるのだという(1)。

ハリウッドであれば、ゾンビ映画に仕立てそうなこの発想には、はっとさせられた。いつの頃からか、僕は生きている人間より死んだ人間のほうに惹かれるようになった。果たして、僕の体には魅力的な穴はあいているのだろうか？

夕食をとってから、僕たちはマリアナオへ向かった。師匠のパートナーと、高校3年生の娘も一緒である。外はすでに真っ暗だった。薄暗い葬儀場の前の通りには、いくつかのグループが散らばって、ひそひそ話をしていた。まるでライオンに獲物を奪われたハイエナみたいにあきらめがつかず、その場から立ち去れないでいるようだった。

僕と師匠だけが外の石段をのぼり葬儀場の中に入っていく。師匠は奥まった方へ廊下をどんどん歩いていく。すると、右手に壁を取り払った葬儀室が見えてくる。棺が上座に置かれている。棺に直角をなすように2列に椅子が並び、親類縁者が向かい合うようにすわっている。廊下にも椅子がおいてあり、葬儀室に入りきれない人々がすわっている。音楽はいっさいかかっていない。人々の囁き声だけが、夏の夜の虫の音のように耳に響いてくる。

ビクトルは廊下の椅子にすわっていた。師匠と僕はそこまで歩いていき、ひとりずつビクトルとハッグをした。彼は赤く目を腫らしている。僕は用意していた紙幣をポケットから出して、彼にそっと手渡した。彼は最初、何のことか分からず一瞬ためらったが、それを受け取った。キューバには香典という考えはないのかもしれない。

僕たちは棺までいき、蓋が開いているところから、ビクトルの母親の死化粧を見た。僕は、そのとき初めてビクトルの母親の顔を見たような気がした。乾いた肌に白粉が塗られていて、古びたチョコレートみたいに、黒地に白っぽい粉が浮いている。頬と唇にうっすらと紅をさしていた。死者の顔には、まるで永遠の生命力があるかのようだった。きっとこうした生命力のある死者が、魅力ある生者の穴の中に招き入れられるのだろう。

僕たちは空いている席にすわった。となりの葬儀室でも、静かに死者との最後の夜を過ごしていた。しばらくすると、師匠が立ち上がった。僕たちはビクトルには挨拶せずに、反対側から外に出た。師匠のパートナーと娘が待っていた。彼女たちはわざわざやって来たものの、死者と対面するのが怖いと言う。ちょっとしんみりとなった。外にいる他の人たちも、その場から立ち去れないのではなく、そうした理由で中に入れないのかもしれなかった。僕は景気づけにある提案をした。近くの店でアイスクリームをおごる、と。それはひょっとしたら、僕の口から出たビクトルの母親の声だったかもしれない。アイスクリームと聞いて、ふたりの女性の顔には笑みが浮かんだ。

(1) ハリー・マシューズ(木原善彦訳)『シガレット』(白水社、2013年)、369ページ。

聖ラザロの教会に集う人々。カストロも敬虔なカトリックの家庭で育ったという。

—columna—

隣人の国にて

@メキシコ

1 「老人」の踊り

いっとき、メキシコの各地を放浪していたことがある。メキシコシティから北に向かう長距離バスに乗ると、7、8時間でモレリアというミチョアカン州の州都にたどり着く。そこから、さらにバスを乗り継いで1時間ほど行けば、そこがパッツクアロという先住民の多い町だ。

メキシコでは、11月1日と2日に「死者の日」の祭りがある。日本のお盆のように先祖霊を迎える行事だ。墓地には橙色のマリゴールドをはじめ、色とりどりの花が飾られ、果物やお菓子、酒など、先祖の好んだ食べ物が供えられる。夜になると、暗闇の中にいっせいにロウソクの火が灯り、幽玄な雰囲気が漂う。遺族の老女たちが墓の前にすわり、寝ずの番をする。男たちは近くで酒を飲んでいる。

墓地の外もにぎやかだ。露天商がいっぱい出て、食べ物や飲み物、海賊版のCDやDVD、手作りの民族衣装、ドクロを象《かたど》った砂糖菓子などが売られている。だから、子供たちも「死者の日」が来るのが楽しみだ。

墓地と言えば、陰惨なイメージを思い浮かべるかもしれないが、このときのメキシコの墓地は、まるで「極楽」の明るさだ。毎年こんなふうに祝ってもらえるならば、死者もうれしいに違いない。

なぜ、これほどまでして死者の魂に思いを寄せるのだろうか。

パッツクアロの広場では、いろいろと興味深い演し物が演《だ》じられている。とりわけ、〈老人の踊り〉という演し物が忘れられない。

年にして10歳前後の少年たちが4、5人、それと10代後半の少女が舞台にあがる。少年たちはトウモロコシの穂で作った毛髪やあご髭《ひげ》をつけ、老人を演じる。かたや、妙齢の美女は、白いブラウスに赤いスカートを身にまとい、両手でスカートをつまんで、音楽に合わせてゆさゆさと揺らす。まるですれっからしの娼婦のように、色っぽい仕草で「老人」をひとりずつ誘惑するのだ。挑発された「老人」は、わしだってまだ若いぞ、と言わんばかりに下駄のような履物で、一生懸命に、だが、体の不自由な老人よろしく、ぎこちなく床を踏み鳴らす。

この舞台を見たとき、感激のあまり声を失った。

あとで、ホテルに戻って考えた。あの芝居は、思春期以前の少年たちにエロス（性愛）の存在を教える、すぐれた「性教育」ではないか、と。それと同時に、生のまっただ中にある少年たちに、内なるタナトス（死の本能）の存在も教える、先住民の知恵ではないか。

パックアロ周辺の先住民の村々では、昔から、頭蓋骨から色鮮やかなウジ虫が突き出ているような、滑稽でグロテスクな「仮面」作りが盛んだ。メキシコで「ルッチャ・リブレ（自由な戦い）」と呼ばれるプロレスでは、レスラーはみな仮面をつけている。征服者スペイン人たちがやってきた「大航海時代」以降、抑圧されてきたメキシコ先住民たちは、裏と表の顔を使い分ける「仮面の文化」を培ってきた。

「老人の踊り」は、そうした伝統的な「仮面の文化」に基づいて、生のエネルギーにあふれる少年たちに、ガタのきた老人を演じさせて、やがて来るはずの老齢と死を「先取り学習」させる。

死者に思いを寄せることは、いまある生を活気づける。

僕はそんなことをわざわざ遠いメキシコの地で、少年たちの演技から学んだ。

第二章

すべては「ことわざ」に

眠りこける小エビ

Camarón que se duerme

キューバ人が大好きな格言のひとつに、「眠りこける小エビは流れに流される」というのがある。ぼんやりしていると、ひどい目に遭うから気をつけなさい、という意味だ。日本風に言えば、「油断大敵」だろうか。

まだ3月だというのに、ハバナの気温は摂氏30度を越えている。すでにサマータイム（1時間繰りあげる）に入った。陽射しを避けるために帽子をかぶり、黒人信仰の儀式のために旧市街に向かう。師匠の黒人司祭と一緒だ。

途中、〈女王通り〉と〈プラド通り〉が交差するあたりにくると、車の往来が急に激しくなる。信号も横断歩道もなく、歩行者は途方に暮れる。さながら闘牛場に放り込まれた見習い闘牛士の心境だ。

'50年代のクラシックなアメリカ車が、いまも乗り合いタクシーとして活躍している。ボディはアメリカ製の鋼鉄のままだが、たまたま修理中のボンネットの中を覗いてみると、エンジンは日本製だったりする。

この鉄の鎧をまとった闘牛が、僕のほうへ猛スピードで突っ込んでくる。スペインの闘牛士のほうが、ずっと楽じゃないのか。スペインでは、敵は1頭、正面からやってくるだけなのに、ここでは四方八方からやってくる何頭をも相手にしなければならない。

交差点でなんとか命拾いしたあとで、国営の雑貨店に立ち寄り、冷凍のチキンを2個買うことにする。師匠の母親へのお見舞いだ。先頃、腎臓癌の宣告を受けたらしい。

冷凍チキンは、1個400円ぐらいだ。この手の大きな店には、家電や家財道具も売っている。安価なものでも、洗濯機は2万円、冷蔵庫5万円、ソファ5万円。すべて外国製だ。

労働者の給与が月に3千円から4千円で、医者や大学教授も例外ではない。食料は配給制とはいえ、どうしてこんな高価な代物が買えるのだろうか。

給与以外の収入でいちばん頼りになるのは外貨だ。外国にいる身内から仕送りをしてもらうとか、自ら出稼ぎに出かけるとかして、外貨をためる。だが、こうした恩恵にあずかれるのは、ごく一部の人たちだけだ。

庶民のあいだで、このところいちばん目につくのは、自宅で小商いを始める人たちが多いことだ。政府が小さな「資本主義」を認めたために、庶民は庭で外国製の婦人服をハンガーに吊るしたり、ベニアで作った棚に海賊版のDVDを並べたり、道路沿いの一角を立ち食いの「カフェテリア」に改造してピザやサンドイッチを売ったりと、金儲けに精を出す。

先日、宿の女将にてんぷらを作ってあげると言うと、「〈ブティック〉に行きましょう」と、誘われた。不審に思いながら、ベダド地区までついていくと、そこはなんと〈アグロペクアリオ〉と呼ばれる野菜市場だった。普通のタマネギはニンニクの塊ぐらいしかないのに、ここのタマネギは、日本のように大きく立派だ。値段は5倍もする。〝ブティック〟と、皮肉を込めて呼ばれるゆえんだ。

道中、そんなことを師匠に話すと、すかさず滑稽なパロディが師匠の口から出てきた。

「（キューバでは）眠りこける小エビは、観光客に食われる」と。

実は、小エビは超高級品で、町の市場ではもちろんのこと、〝ブティック〟でも売っていない。眠りこける小エビがいるのは、外国からの観光客向けのレストランだけなのだ。

ハバナではいま太極拳が大人気。子どもから老人まで多くの人が中華街の空き地に集まる。

牛の前の荷車

La carreta delante de los bueyes

キューバの格言の中に、「牛の前を荷車が行く」というものがある。頭の中が整理できなくて、言動がちぐはぐになりがちな人の喩《たと》えだ。

僕は朝早くキューバ人の友達と一緒に、天ぷら料理に使う小エビを探しに出かけた。町の市場では手に入らないが、〝左手〟でなんとかなるという。スペイン語で〝左手〟とは、裏のルートという意味だ。

キューバでは、野菜を食べる習慣がない。よく食べるのは、ごはんに豆のスープ、豚肉か鶏肉の料理だ。だから、野菜だけの天ぷらでは物足りないかもしれない。でも、めったに食べられない小エビのかき揚げが加われば……。そう思いつき、信頼のおける友達に相談したのだった。

僕たちはビニールの袋を持って、下町で乗り合いタクシーを拾い、ハバナの旧市街に向かった。あっという間に、終点近くの中央公園に着く。

公園を囲むように、ホテルが林立している。野外カフェでは、いつも5、6人編成のバンドが演奏をしている。よく声の通る歌手がマラカスを鳴らしながら、外国からの観光客が喜びそうな明るいソンの曲を歌う。客がペアで前に進みでて、習いたてのステップを踏む。その他の客も軽快なリズムに聞き惚れる。

観光とは、しょせん金で買うことができるそのような通り一遍の体験かもしれない。おこぼれにあずかれない何台ものタクシーが、まるで憤懣《ふんまん》をぶつけるかのように、灰色の排気ガスをまき散らしながらカフェのそばを通り過ぎる。

中央公園の中に足を踏み入れると、〝ホットコーナー〟と呼ばれる一角がある。いつも大王椰子の作る日陰の中に大勢の野球通たちが群がって、口角泡を飛ばして議論を戦わせている。いわば〝野球百科事典〟が何冊もそろった博物館だ。かつて僕はここでキューバ代表選手の出身チーム名や、国内試合の日程を教えてもらった。

僕たちは、中央公園から南のほうへ向かう。日の当たらないビルの軒下に、露天の花屋が店を出している。不死鳥やグラジオラス、ひまわりなどを使って花束を作っているのは、どれも腹の突き出た女性たちだ。

ほどなくして野菜市場にたどりつく。すでに野菜は手に入れていたので、友達はあらかじめ仕入れていた情報をもとに、道路をはさんだ向かいの薄暗い路地に僕を連れていった。友達が椅子に腰をおろしている老女に何やらささやくと、老女は奥のほうに顎を向けた。奥の平屋に中年の女性がいて、僕が友達に言われた額のお金とビニール袋を渡すと、女性はいったん家の中に引っ込んだ。やがて冷凍エビをビニール袋にいれて持ってきた。友達が僕のほうを向き「2キロあるそうだ」と、小声で言った。

宿に戻ると、初めて天ぷらを食べるという黒人信仰の師匠や知り合いが到着していて、ラム酒を飲みながら談笑していた。

ただちに僕が野菜を適当な大きさに切りわけ、宿の女将と娘たちがエビの殻をむく作業を始めた。天ぷら粉とだし汁は日本から持ってきた。ここまでは万事つつがなく進んだ。

さあ、ガスに火を点けようとして、大事なことに気づいた。サラダオイルを買うのを忘れていたのだ。あれこれ心配しすぎて、やることが何ともちぐはぐで、「牛の前に荷車」を置いて動かそうとしていたのだった。

ハバナの旧市街には軒下の花屋が多く見られる。花を売るのは女性たちの仕事だ。

一枚のハンカチ

Un pañuelo

ハバナに住む友達のロドリゴは、よく「世界は一枚のハンカチ」という表現を使う。世界は小さい、という意味のキューバの諺だ。

いまは60代だが、若い頃には仕事で崩壊以前のソ連をはじめとして、東欧のあちこちを旅して、浮き名を流していたらしい。各地に素敵な女性がいるロドリゴにとって、世界はまさに「一枚のハンカチ」なのだ。

あるとき、黒木和雄監督のもとに、キューバから一枚のハンカチならぬ、一通の手紙が届いた。黒木監督といえば、ヒロシマ原爆を扱った、宮沢りえ主演の『父と暮らせば』（2004年）など佳作が多いが、このときは、まだ一作しか作品はなかった。

キューバ映画芸術産業庁からの依頼は、革命10年周年に沸くキューバを舞台にした映画を作ってほしいというものだった。監督は当地で、『キューバの恋人』（1969年）という映画を作った。

主演は、まだ20代のハンサムな津川雅彦で、アキラという船乗りの役だった。

アキラは、ハバナの街なかで片っ端から若い女性にスペイン語で声をかける。

最初、この映画を見たとき、なんて破廉恥な役なんだろう、と思った。

だが、若い友人のホセと一緒に街を歩いていると、女性に出会うたびに、早口で何かをつぶやいている。

耳を澄まして聞いていると、けっこう手のこんだことを言っているではないか。

「なんて奇麗なお人形さんなんだろう。どんな素敵なパパの工場で作られたのかな？」

「なんて素敵なお人形さんなんだろう。どこの工場から逃げてきたんだい？」

これは、ナンパ術というより立派なほめ言葉である。こんなことを言ったからといって、すぐさま交際につながる訳でもない。

たいていは無言で無視されるだけだ。それでも、3人にひとりぐらいはニコッと笑顔を見せて、「グラシアス」と言いながら、去っていく。

別の友人マヌエルは、前方から母娘がやってくると、通りすがりに、「奥さん、僕のパパにお土産ひとつつけますから、娘さんと交換してくれませんか？」などと言っている。

そんな訳で、映画の中でアキラが路上でナンパをしているからといって、別に破廉恥でも何でもない。男から声をかけるのは、自然な行為なのだ。ただ、「ねえ、僕と付き合ってよ」では、芸がなさすぎるが……。

2009年にキューバでおこなわれた学術調査によれば、結婚した100組のカップルのうち64組が離婚しているという。正式な結婚手続きをしないで、パートナーとして同居しているカップルを含めたら、この比率はもっと高くなるはずだ。

これには女性の地位の向上が背景にある。たとえ離婚したとしても、かつてのようにふしだらな女だ、と決めつけられることはない。不幸な関係をつづけるのは良くないという合理的な考えも根づいている。いちばん重要なことは、女性の経済的な自立が離婚を容易にしているということだ。

別れは出会いの始まり。ロドリゴもこれまでに5度離婚して、いまは6人目の奥さんと幸せに暮らしている。

若い友人たちは、きょうもハバナの路上で、せっせと一枚のハンカチを探しつづけている。

朽ちた壁を利用したグラフィティ（ハバナ旧市街）。焼け付く日差しに鮮やかな色が映える。

吠える犬

Perro que ladra

キューバに黒人信仰の調査に行くときは、下町の宿に泊まることにしている。イサベルという女将は、「吠える犬は咬まない」という格言がお気に入りだ。彼女によれば、「吠える」のは愛情の証らしい。気にかけているからこそ厳しい言葉をかけるのだ、と。吠える犬は、狂犬病の犬みたいに咬んで人を死にいたらせたりしない。

そう言って、イサベルはしょっちゅう子供たちを叱りとばす。

朝早く、下の娘が小学校に行きたくないとごねると、わんわん吠える。

午後遅く、中学に通う上の娘が帰ってきて、新しい靴がほしいと言うと、わんわん吠える。

夜に、高校生の息子が同級生はみな携帯を持っているのに、どうして自分だけが……と不満をもらすと、わんわん吠える。

ここには書けないような汚い言葉をまじえて、一方的にまくしたてる。

3人の子供たちの父親と離婚して以来、宿の経営を切り盛りしながら、女手ひとつで子供たちを育ててきた。父と母の二役をひとりでこなしているのだから立派というほかない。

だからストレスも溜まり、いったん怒りが爆発すると止まらなくなる。

実は、長年、正式な結婚手続きをしていない僕の師匠が同居している。

通常、すぐれた司祭は、信仰（占いと儀式）の道を歩む。金稼ぎに走らないので、いきおい信仰心の篤い女性の家に居候して、ヤドカリのような生き方をすることになる。

僕の師匠も、貧しい信者からのお布施しか収入がなく、女将の家に寄居《パラサイト》していた。

もっとも、宿主《しゅくしゅ》のほうも、それなりのメリットがなければ、ただ飯を食わせるわけにはいけない。イサベルも位階は低いが「女司祭《サンテラ》」の資格を持っている。だから、師匠がいれば、一緒に儀式を執りおこなえる。ふたりで仲よく入門式や厄よけの儀式についてを相談している姿をよく見かけたものだ。

あるとき、イサベルが師匠に向かって吠えた。師匠も、最初は徹底抗戦の構えだ。イサベルの声は甲高く耳をつんざくが、師匠は経を唱えるような低い声で応酬する。僕は流れ弾に当たらないように、遠くのほうでじっとしているしかない。

こうした「夫婦喧嘩」を何度も目撃したが、たいてい折れるのは、ヤドカリの師匠のほうだ。1時間後ぐらいに、僕の部屋にやってきて、「まったく、女って奴は」などと、ため息をついている。

ところで、「ライオンは、思ったほど獰猛ではない」というのも、イサベルのお気に入りの格言だ。

確かに、ライオンは腹が空いていなければ、動物を襲わないそうだ。でも、それは腹が空いたら獰猛になるということではないか。

あるとき、ハバナへ行き、いつものようにイサベルの宿へ直行してみると、驚いたことに、師匠が姿を消していた。

郊外の実家を訪ねて居所を聴きだし、新しい宿に行ってみると、師匠の元気な姿があった。話を聞くと、占いによって家を出る決断を下したようだった。

たとえ愛情からでも、頭ごなしに罵られるのは、狂犬病の犬に咬まれるのと同じで、精神的にまいる。

師匠がしみじみと呟いた。「そもそも犬がいなければ、狂犬病もない」と。

太陽の下で居眠りする犬。キューバでは犬たちの多くは放し飼いになっている。

動物園のマングース

Mangosta en el zoo

「100年つづく災いはない」

どんな不幸にも終わりはある、というキューバの格言だ。

1991年のソ連の崩壊後に、キューバはひどい経済不況に見舞われた。とりわけ、ソ連からの輸入に頼っていたガソリンの不足は深刻で、輸送、産業、農業の分野が大きなダメージを受けた。キューバ政府は危機感を募らせ、その時期を〝特別期間〟と呼び、国民に理解と忍耐を求めた。だが、困窮した生活に嫌気がさした者たちは、自前の筏《いかだ》やゴムボートで数百キロ先のマイアミをめざす。

実は、それより10年前にも、思想的、経済的な理由で、海外逃亡の機運が高まったことがあった。このときは、カストロ政府も、ハバナの西のほうにあるマリエル港からの出国を認めた。1980年4月からの5カ月間に、難民は12万人以上にのぼったという。

'90年代の〝特別期間〟では、3万2千人がキューバを離れた。だが、いま僕の興味は、政治的かつ経済的に閉ざされた島に取り残された者たちが、どのように生き延びようとしたのか、ということにある。

ペドロ・フアン・グティエレスという小説家は、その時代のハバナの下町を舞台にした作品を書きつづけている。モノ不足にもかかわらず、人生を楽しむことを忘れない庶民のしたたかな姿が赤裸々に綴られている。アメリカ文学で言うと、チャールズ・ブコウスキーの肉感的な路線をゆく作家だ。

さて、僕の師匠は、その〝特別期間〟に20代を迎えようとしていた。毎日、米と豆ばかりの食事でうんざりしていたという。

あるとき、仕事を終えて、友人のベトの家に寄ってみたそうだ。

いつものように、友人の名前を呼びながら、ドアを開けてみると、ある小動物が天井のあたりから、牙を剝き出しにしてこちらを睨みつけた。

びっくりした師匠は、後ずさった。

その拍子に小動物が、開け放たれたドアから外に飛び出していった。

やがてベトが友達と一緒に戻ってきて、「マングースだ！」と言った。

マングースはハブの天敵として知られている。南米では、「すばしっこいマングース」という歌のなかで、農園主を巧みに出し抜く奴隷がマングースに喩えられている。頭がよく、抜け目ないというイメージだ。

だが、どうしてマングースが友人の家にいたのか。

ベトによれば、数名の友達と動物園に行き、捕まえてきたらしい。檻がないので、鳥かごを探しにいったという。

結局、ベトと友達は、せっかく盗んできた肉料理の材料を失った失意の中で、小動物が逃げているみたいです、と警察に通報したそうだ。

僕の師匠は、ベトたちが捕まえてきた動物園のマングースの話を締めくくるにあたって、「だから、いちばん野蛮な動物は、人間なんだ」と、付け加えた。

実は、冒頭の「100年つづく災いはない」という格言にはつづきがある。正しくは、「100年つづく災いはない。それに耐える肉体も」という。

人間もめったなことでは100歳まで生きられない。不幸のさなかに死んでしまっては元も子もない。だから動物園のマングースですら捕まえて食おうとする不届き者も出てくるわけだ。

〃特別期間〃中は、さぞかし動物たちも生きた心地がしなかったに違いない。

儀式の日は早朝からたくさんの食事を準備する。もちろん男性も一緒になって。

やはり大きい馬

Caballo grande

「進もうが進むまいが、やはり大きい馬」

何事も大きいに超したことはない、というキューバの格言だ。

いま、僕の師匠が暮らしているのはハバナのセロ地区というところだ。中央公園の近くで乗り合いタクシーに乗り込んでモンテ通りを15分ほど行くと、右手に〝ラティーノ〟と愛称で呼ばれる野球場が見えてくる。ハバナの野球チームであるインドゥストリアレスの本拠地だ。

もともと野球興行はベダド地区で行なわれていたが、1940年代に、新興の実業家がこの地に新球場を作ったらしい。

面白い話がある。1947年にブルックリン・ドジャースがこの新球場でスプリングキャンプをおこなっているのだ。ドジャースと言えば、人種隔離政策をとっていたアメリカ社会で、黒人選手ジャッキー・ロビンソンを最初に採用した大リーグの球団。折しも、モントリオールのファームから昇格を果たしたばかりのロビンソンもこのキャンプに参加している。球団社長が深謀遠慮をめぐらし、人種差別の少ないハバナをキャンプ地に選んだのだ。

「球場から、ワァーと地響きのように歓声が聞こえてくる」と、師匠はうれしそうに言う。それもそのはず、今度の引っ越し先は〝ラティーノ〟の目と鼻の先だから。

ある日、僕は師匠を野球見物に誘った。ナイターは7時ごろから始まる。スピーディなアメリカの大リーグと違って、キューバの野球はのんびりしている。4時間に及ぶ試合などざらだ。試合の進め方も、大雑把な感じがする。とにかく、バットをぶんぶん振りまわす。いったん打線に火がつくと、止まらなくなる。

先頃、キューバ政府は、自国の選手が外国でプレーすることを容認したという。それで、2014年には巨人にはセペダ、横浜にはグリエルが入団した。

ここで注意を喚起しておきたいのは、キューバでは、野球はウィンタースポーツであるということだ。だいたい11月から4月までが野球シーズン。だから、選手はシーズンを終えて来日することになる。

想像してほしい。日本のプロ野球の選手がフルシーズン（4月から10月）プレーして、その後、休むことなく外国へ行き、その地のプロリーグでプレーすることを。

確かに、日ハムのミランダやアブレイユ、巨人のアンダーソンなど、すでに日本球団に在籍していた選手もいる。だが、彼らは同じキューバ人とはいえ、アメリカ経由である。つまり、オフがあり、キャンプを経て、シーズンに入っている。

だから、今後キューバから来日した選手に、直ちに結果を求めすぎると、失望するかもしれない。まして、日本の投手陣は一流で、そう楽には打たせてくれない。できるならば、複数年契約を結び、2年目にはキャンプから参加させて日本の投手たちに慣れさせるのはどうだろうか。

そんなわけで、ファンとしては、塁上に走者をおいたときに、ときたま度肝を抜くような特大のホームランを打ってくれたらよし、といったぐらいの心の余裕が必要だ。

なにしろ、彼らキューバ人の心の中に深く根づいているのは、「進もうが進むまいが、やはり大きい馬」といった発想なのだから。

野球が盛んなキューバ。ハバナ市内のいたるところで少年たちがこの“国技”に興じている。

良い木、良い日陰

Buen árbol, buena sombra

「良い木、良い日陰」

良い木の下にいれば、強烈な日射しをさえぎってくれる、という意味のキューバの格言だ。

日本にも、「寄らば大樹の陰」という諺がある。雨宿りするならば、大木の下のほうが濡れずにすむ、という意から転じて、同じ庇護を求めるなら勢力のある者の方が良いということの喩えだ。

さて、ボクシングは、野球や柔道や女子バレーなどと並んで、キューバのお家芸である。

キューバは革命後、すべてのプロスポーツを禁じる法律を作り、アマチュア・スポーツに力を入れるようになる。ボクシング界も例外ではなく、ソ連から有能なコーチを招いて、'72年のミュンヘン・オリンピック以後、めざましい成績を遂げる。

注目すべきは、ふたりのヘビー級の黒人ボクサーの活躍だ。

テオフィオ・ステベンソンは、ミュンヘン、モントリオール、モスクワのオリンピックで3連覇を達成。フェリックス・サボンは、バルセロナ、アトランタ、シドニーで3連覇。

ふたりとも、身長が2メートル近くあり、バスケットボール選手のような体躯をしていた。フットワークを活かし、相手のパンチをかわしながら、右ストレートを繰りだし、一発で相手をマットに沈める。クリーンなファイトが持ち味だった。

彼らはプロ興行で人気を博していたモハメド・アリらと対戦して金儲けをしないか、とアメリカのプロモーターから誘われたが、亡命＝プロ転向の道を絶ち、アマチュアに留まった。

リスのように　すばしっこい体
軽く構えた　おまえのグローブ
笑顔から　繰りだす　痛快パンチ

20世紀のキューバ詩人、ニコラス・ギジェンの詩「キューバの黒人ボクサーを讃える」の冒頭である。

この詩が出版されたのは1931年。だから、ステベンソンやサボンがモデルではない。では、モデルになった黒人ボクサーがほかにいたのだろうか。

候補のひとりは、エリヒオ・サルディニャスだ。愛称で〝キューバン・ボンボン〟とも〝キッド・チョコラテ〟とも呼ばれた。

1910年、ハバナのセロ地区の貧しい家の生まれで、少年時代は新聞配達で家計を助けた。アマチュア時代は負け知らずで、二十歳《はたち》前にプロに転向し、キューバ人で初めて世界チャンピオンになった。人種差別の強い時代に、黒人でありながら、ボクシングで一世を風靡《ふうび》した。'88年に亡くなり、'94年に〈国際ボクシングの名誉殿堂〉入りを果たしている。

ギジェンは詩をこう結んでいる。

人々が　拍手喝采するあいだ
お前の黒さを見せびらかし
白人たちの嫉妬心と立ち向かい
真の黒人の言葉を話せ

「真の黒人の言葉」とは、口から出るものではない。〝キッド・チョコラテ〟のように、軽く左ジャブを繰りだして、右ストレートで決めることだ。

世の中には、身近に「良い木、良い日陰」がない人もいるだろう。

そういう人は、この黒人ボクサーのように、自分自身で「良い木、よい日陰」を作りだすチャンスに恵まれている、と考えたら良いのではないだろうか。

南国の日射しを浴びてたわわに熟れるマンゴの実。キューバではマンゴの木をよく目にする。

川が荒れると

A r o revuelto…

「風が吹けば桶屋がもうかる」という諺がある。ある出来事がめぐりめぐって思いがけないところにも影響を及ぼすことの喩《たと》えだ。キューバにも似たような諺がある。「川が荒れると、漁師がもうかる」という。

僕はハバナのベダド地区に、日系二世の女性に話を聞きにいったことがあるが、家のそばにジョン・レノンの名前を冠した公園があった。

公園の一角には、フランチパニェロと呼ばれる、カリブ原産のインドソケイの木が赤い花をつけていた。

女性の乳房を思わせる可憐《かれん》な花びらがふわっとひと塊になって、あちこちに咲いている。近づいてみると、レモンに似た香りがする。

1980年に、ニューヨークで殺害されたジョン・レノン。彼を模したブロンズ像がベンチに腰をおろしている。理由はわからないが、どうやら「反戦＝反米」的なイコンとしてチェ・ゲバラ同様の扱いを受けているようなのだ。

まるで上から巨大なオーブンに熱せられたかのように、日射しが肌に焼きつくが、大木のおかげでベンチは日陰になっている。

ときどきガイドが外国人旅行者たちを連れてくる。旅行者たちはひとりずつ反戦ヒーローのそばにすわって記念写真を撮ってもらう。

銅像にはレノンのトレードマークである眼鏡がかけてあり、慢性的な物不足のハバナではこれがよく盗まれる。ハバナ市民の日常生活を扱った映画『永遠のハバナ』でも、何度も盗難に遭って、住民たちが交代で寝ずの番をする姿が映されていた。

実際にベンチのそばまで歩いていくと、臙脂《えんじ》色の制服を着た50歳ぐらいの痩せた男性がうろついていた。

大物スターのボディガードにしては少々頼りなさそうだが、幸い、この男性の任務は、スターを狙う暴漢に体当たりを食らわせることではない。

僕は警備員に訊いてみた。

「毎日やってるんですか、警備を?」

「いや、1日おきさ。明日は、わしの娘がやる」

「夜も?」

「夜は、別の者がやっている」

「ボランティアですか?」

「最初はそうだったが、いまは市から少し補助金が出ている」

革命直後のキューバにおいて、レノンがメンバーだったビートルズをはじめとして、欧米のポピュラー音楽は、資本主義の一部として禁じられた。聴いたり歌ったりするのは犯罪だった。

このブロンズ像が建てられたのはレノンの没後20年にあたる2000年。レノンが作詞・作曲した有名な「イマジン」から29年も経っていた。

「想像してごらん／そんなに難しいことじゃない／国や宗教のために人を殺したり死んだりする理由はないってことを／想像してごらん／みんなが平和に暮しているところを」

レノンは死んでも、彼の魂はいろいろなところで生きている。戦争で得をするのは、大国の権力者や武器商人だけ。そうレノンは言いたいかのようだ。

いまレノンはキューバの観光産業の一役を担っている。かくして、彼の影響は、生前の本人も想像しなかった意外なところにも及び、まさに「川が荒れると、漁師がもうかる」と、言えるかもしれない。

ジョン・レノン、ヘミングウェイと並ぶドル箱の外国人としてチェ・ゲバラは外せない。

川から音が聞こえる

Cuando el río suena...

「川から音が聞こえるのは、石が転がっているからなのだ」

何ごとも人の行動には理由がある、という意味のキューバの格言だ。

ハバナのマリアナオ地区には、僕の師匠の実家がある。師匠が修行を共におこない契を結んだ義兄弟も住んでいるし、弟子や信者も少なからずいる。だから、そうした家でいろいろと用事を済ませてから、最後に一緒に師匠の実家を訪れる。

特に用事はなく、師匠は年老いた母の顔を見にいく。実家では、師匠の妹にあたる40代の娘とその息子が暮らしている。母も娘もずっと昔に離婚している。

現代の日本では、効率を重んじるあまり、無駄な接触を排する傾向にある。だが、キューバではインターネットのインフラ整備があまり進んでいないので、わざわざ出向いて相手と対面するしかない。そうすることで、逆に人間関係は円滑になったりもする。

同じマリアナオ地区とはいえ、師匠の実家から、先ごろ儀式があったポゴロッティの集落までは、歩いて30分ぐらいかかる。信号などのない集落に足を踏み入れると、向こうから農作物の入った南京袋を積んだ馬車がやってくる。四角いコンクリート製の平屋ばかりが立ち並ぶ狭い路地に入ると、道路わきの軒下に、洗濯されたばかりの服が干してある。

太鼓や雷を司る守護霊チャンゴの赤白の服、結婚や出産を司る守護霊オチュンの黄色い服など、カラフルな衣装が目に飛び込んでくる。

目指す家は、師匠の父エドゥがいま住んでいる家だ。ずっと昔に師匠の母と離婚して、いまは別の女性の家に寄居している。

エドゥはハンサムで、性格が温和だ。ポゴロッティの妻とのあいだには、ラサロという儀式の歌の得意な30代の息子がいる。ラサロは師匠の腹違いの弟。エドゥもラサロも、司祭として僕の入門式や修行に立ちあってくれた。僕とは家族同然の仲だ。

こんど司祭になるべく修行をしたのは、師匠の甥にあたる20歳の青年。エドゥが師匠の母と離婚後、ラサロの母と一緒になる前に付き合った女性がもうひとりがいて、その女性とのあいだに出来た娘（師匠の腹違いの妹）の息子である。

ここまで聞けば、エドゥは光源氏みたいな、とんでもないプレイボーイに思えるかもしれない。だが、家の中では、影の薄い存在である。あちこちの女性から、理想の種馬として見初められただけなのだ。

僕は、最初のうち、師匠からただ「弟」とか「妹」として紹介されただけなので、そうした複雑な血縁関係が理解できなかった。

しかも、いまの日本の家族観からすると信じられないかもしれないが、母親が違っているにもかかわらず、きょうだいの結束が固いのだ。

かつて新天地に上陸したとき、アフリカの奴隷たちはいろいろな農園主に売られて、ときには親子であろうと夫婦であろうと、離ればなれにさせられた。だから、たとえ血のつながりのない者同士でも、〝家族〟として助け合い、子孫を絶やさないようにしなければならなかった。

そうした歴史が血族のつながりのあまり強くない家族観を育んだのかもしれない。

そう考えると、エドゥとその〝家族〟たちの特異な生き方も納得できる。まさに「川から音が聞こえるのは、石が転がっているからなのだ」。

仲のよい二人（ハバナのマリアナオ地区）。気さくな人柄がキューバ女性の魅力だ。

7回転んだら

Si te caes siete veces...

日本には、「七転び八起き」という諺がある。

「人生には浮き沈みが多い」ということの喩えで、失敗にめげずに立ち直ることの大切さを説いたものだ。

実は、キューバにも似たような格言がある。

「7回転んだら8回起きあがれ」という。

さて、まわりを見渡すと、ハバナの下町に住む友人たちは皆、妻の家に寄居している。

漫画の『サザエさん』で、磯野家に同居する、サザエさんの夫マスオさんの立場に似ている。

60代の大学教授ロドリゴは、高級住宅地に自分の小さな家がありながら、住んでいるのは、同じく大学教授である妻の、下町にある家だ。妻の父母や娘も一緒に住んでいて、三世代が同居している。ロドリゴはすでに5度も、結婚と離婚をくり返し、そのたびに宿をかえて、ヤドカリ歴も長い。

30代後半のペドロは、僕が黒人信仰の司祭になるための秘儀のイニシエーションを一緒におこなった友人だ。彼は年上の妻マリの家に寄居している。ヤドカリ歴は分からないが、マリが最初の妻でないことだけは確かだ。家には妻の連れ子の10代の娘、妻の父母が同居している。ペドロは家計を助けるために、夜遅くまでレストランで働いている。僕の心配は、彼が仕事に追われて、修行をおろそかにしていないかということだ。

40代半ばの僕の師匠は、先頃、新しい寄居先を見つけたばかりだ。最初の妻は、若くして火傷で亡くなった。2人目の妻とは、娘に恵まれたが、協議離婚。3人目の女性とは結婚の手続きを経ずに7年間生活を共にした。いずれの場合も女性の家で暮らし、ヤドカリ歴は25年近くになる。僕が尊敬するのは、とにかくモノへの執着がないという点だ。

師匠の息子マヌエルは、火傷で亡くなった妻とのあいだにできた子だ。祖母の家で、優しい叔母(母の妹)によって育てられた。いま20代半ばで、大学1年生になったばかりの女の子と恋仲になり、いま彼女の家に身を寄せている。そこは大家族で、彼女の父母のほかに、祖母、叔母が一緒に暮らしている。

あるとき、いつも陽気なマヌエルが浮かない顔をしているではないか。

僕が、どうしたの？　と訊いてみると――

恋人の母親がつらく当たるのだ、という。

マヌエルは、以前、別の恋人の家に寄居していた。だが、半年もたたないうちに、彼女が家族と一緒にマイアミに移住してしまった。それで、急遽、いまの恋人を見つけたのだ。

マヌエルは司祭になってまだ5年だが、儀式のときの祈りや歌をはじめ、さまざまな約束事をマスターして、師匠の信頼を得ている。まじめに修行を積んできたからこそだが、逆に言えば、わずかなお布施しか収入がないということだ。それが恋人の母には不満のタネかもしれない。

マヌエルは、司祭としては立派だが、まだヤドカリ歴が浅い。

僕の師匠みたいに、「7回転んだら8回起きあがれ」の境地には、まだ達していないようだ。

路上でタロットカード占いをする女司祭。占い（予言）も黒人信仰の重要な一部をなす。

奴隷が死んでも

Si el esclavo muere...

僕がキューバの黒人信仰「サンテリア」の司祭になった話はすでにした。

もともと黒人たちはサトウキビ畑で強制的に働かされ、19世紀半ばに奴隷制度が廃止されてからも、ながらく社会の底辺に追いやられてきた。

その信仰は、彼らがどうやって理不尽な扱いを克服してきたか、その知恵の集積といってもいい。中核をなすのは、司祭の行なうイファ占いである。占いの道具を使って、コンピューターのように、0か1の二進法で占う。

2と4と16と256という数字（すべて、それぞれの前の数の2乗の数）が特別な意味を持つ。たとえば、2とは、依頼者が手に持つ2つの石（白と黒）であり、白い石が出れば、司祭の占いが確定するが、黒い石が出れば、もう1度占いをやり直さねばならない。そのように、双方向制のシステムを採っている。

4は4つに仕切られた占いの場（円卓）であり、16はオドゥンと呼ばれる運勢の基本数。そして、256とは、全運勢の数だ。

イファ占いでは256通りある運勢のうち、どれが依頼者のものであるかを、オルンミラ（オルーラとも呼ばれる）という、占いを司る神霊に尋ねる。

ある日、僕の師匠のもとに、ひとりの男が入信したいとやってきた。入信の儀式は3日かかり、最後の日に、イファ占いをおこなうことになっている。

師匠は、僕を含む数名の司祭を同席させて、その男のためにイファ占いをして、オグンダ・オベという運勢を導きだした。

オルンミラによれば、この運勢の人はこの地上で神の生まれ代わりのように強大な力を持ち、「イファ占いの助けだけで、たったひとりで30人に戦いを挑み、勝利する」という。

占いは、人の過去や持って生まれた性格、才能、欠点、かかりやすい病気、したほうがいいこと、してはならないことなどを告げる。

司祭の仕事は、オルンミラの言葉を自分の言葉に変換して入信者に伝えることで、ある意味で、翻訳の仕事に似ている。

イファ占いの運勢には、格言がたくさん出てくるが、この人の場合は、次のようなものだった。

「奴隷が死んでも、母親が嘆き悲しむだけだが、自由人が死んだら、誰もが悔やみの言葉を述べる」

この世界には不平等な制度が数多くある。この運勢の人は、そうした制度を変革すべく行動する。キューバ革命のカストロやゲバラのような活躍をする可能性がある。

不平等や不遇というのは、うれしいものではない。だが、自分が不遇な運勢のもとにあるということを理解することは、不遇を脱するための第一歩だ。

日本にも、災い転じて福となす、という諺があるではないか。

師匠が言うには、「奴隷には、少なくとも心から嘆き悲しんでくれる母親がいる。たとえ悔やみの言葉を述べてくれるとしても、母親みたいに嘆き悲しんでくれるとは限らない」

実は、この運勢の人は、妻との関係が難しいと出ていた。あまりにカリスマ的な力を備えているために、家庭でもワンマンになりやすい。だから、僕はこの人に、オルンミラが言う通りに、「妻にも自由に遊ばせなさい」というアドバイスをした。

さきほどのイファ占いの格言は、おのれの運勢を知ると同時に、死を心から嘆いてくれるような身内にも思いを寄せよ、という戒めを込めたものだろうか。

イファの誕生日のお祝いに駆けつけた黒人信仰の司祭たち。同門の司祭たちの結束は固い。

空飛ぶ鳥の羽根

El ala del ave que vuela

キューバの黒人信仰で司祭が行なうイファ占いは、格言の宝庫だ。

256通りある運勢のひとつの「オイェクン・メイ」には、「人間の体にとって魂とは、空を飛ぶ鳥の羽根のようなものだ」という格言がついている。

いくら体が丈夫でも、魂が傷ついていると生きていけない、という意味で、心の大切さを述べたものだ。

ある冬のこと、ハバナの下町でトマスという名の二十歳《はたち》前の青年と友達になった。僕の泊まっている宿に頻繁に出入りしていて、誰もが彼をトマと愛称で呼んでいた。

トマ君は高価な服とはいえないが、いつも身なりに気をつかっていた。マフラーとか、自分の魅力を引き出すワンポイントを心得ていた。ヒップホップのダンサーのように、だぶだぶのTシャツに破れたズボンなどは、決して身につけたりしない。

あるとき、宿の女将が「あの子は、蝶よ」と、僕に告げた。スペイン語で「同性愛者」という意味だ。

女将は近所に住むトマ少年と知り合い、彼の心のケアをしてきたという。というのも、彼は「女っぽい」ということを理由に、父親から虐待を受けていたからだ。

この宿では、女将をはじめ、皆が少年の「秘密」を軽い冗談のネタにするほど、開放的な雰囲気に満ちていた。ずたずたに傷ついていたトマの「鳥の羽根」がよみがえったのだ。

かつてトマス・グティエレス・アレア監督は『苺とチョコレート』（1994年）という作品で、キューバ革命の汚点のひとつとして「革命政府による同性愛者の抑圧」を描いた。

それでも、街には、いまだに同性愛者を頭から毛嫌いするような人が少なくない。人を馬鹿にするときにも、わざわざ同性愛者呼ばわりするくらいなのだ。

先日も、僕は、手首につけた司祭の腕輪を見た酔っぱらいに「お前が司祭なわけがあるか。この嘘つきの、おかま野郎《マリコン》」と、愚弄されたのだった。

そんなトマ君が嬉しそうな顔をして「こんどの木曜日の夜、女装ショーがあるんだけど」と、言った。つねづねハバナのゲイバーに連れていってくれるように頼んであったのだ。インターネットの検索などまったく役に立たず、地下の情報ネットワークだけが頼りなのだ。

彼はどこかから小さな広告ビラを仕入れてきた。それによれば、ベダド地区の国営バーでは、木曜日だけニューハーフによる女装ショーがおこなわれるようだった。

ショーは深夜11時すぎから始まり、夜明けまでつづく。何人もの踊り手がステージに登場して歌って踊る。たいてい、自分の一途な思いが相手に伝わらない、悲恋の歌である。客はもちろん圧倒的に男性が多いが、男女のカップルやレスビアンもいる。

その後、何度か「女装ショー」に一緒に行ったが、まもなくそれもできなくなった。トマ君がキューバ国軍に徴兵される年齢に達したからだ。

ある日彼が、カストロと同じ緑色の軍服を着て、僕の宿に現われた。さすがにワンポイントのマフラーは巻いていなかった。皆でその凛々《りり》しい勇姿を褒《ほ》めそやし、「しっかりとお務めをはたしてこいよ」と冷やかした。

半年後に、ふたたびハバナを訪れ、彼の消息を宿の女将に尋ねると、意外な返事が返ってきた。

「トマのやつ、元気みたい。どうも直属の上官に気にいられたみたいなのよ」

トマ君の魂は、空高く飛んでいるようだった。

女装ショー（ハバナのベダド地区）。こうしたショーの情報は口コミで集めるしかない。

columna
隣人の国にて
@メキシコ

2 命がけの「必殺技」

メキシコで、タクシーや長距離バスに乗って移動しなければならないとき、財布やカード類はホテルに置いていくことにしている。

昔、メキシコのスペイン語学校に通ったとき、年配の女性教師がそういう文化的な知恵を授けてくれた。

ちょっと面倒だけど、現金を小分けにしてズボンのポケットに少し、靴の中に少し入れておく。強盗や追いはぎに襲われたときのために。

「もし襲われたら、狙いはあなたの命じゃないので、すなおにポケットの金を差し出すのよ」と、女性教師はつけ加えた。

だが、強盗にもっと出せと言われたら、どうするか。ポケットの袋状の布を外まで出し、それから、手のひらを見せることにしよう。

何も持ってないよ、という意味だ。強盗にあったら、この究極の「必殺技」で行こう。

いっとき若いメキシコ人の友達と一緒に旅をしたことがある。友達は道ばたで物乞いに金をせびられるたびに、空っぽのポケットを見せ、両手を広げながら肩をすくめる。すると、乞食《こじき》は「ちぇ、この貧乏人め！」と、言わんばかりのふて腐れた態度をしながら、諦めて去っていく。

言うまでもなく、こうしたジェスチャーは万国共通ではない。使えるケースもかぎられている。だが、逆に言えば、それが通用する場合、口から出てくる言葉よりも効果的だ。

あるとき、メキシコシティから南に長距離バスで6時間ほど行った、先住民の多いオアハカという都市を訪れた。そこは山々に囲まれた緑の多い盆地で、モンテ・アルバンと呼ばれる文明が紀元前600年から950年ぐらいまで栄えた土地だ。いまでも、サポテカ族とミュシュテカ族の人たちが、山の中の村々で伝統工芸の織物を作っている。

トウモロコシの葉に包んだタマレという食べ物、もちもち感のあるオアハカチーズ、チョコレートにトウガラシを溶かしたモレソース、グサノという虫が壜の中に入ったメスカルという名のサボテン酒など、食生活にも先住民の知恵を活かした特産品がいろいろとあり、僕の大好きな町だ。

夕方、大勢の買い物客や観光客でごった返すアバストスという巨大な市場《メルカード》に行ってみた。テントの中に入って間もなく、不自然に4、5人の男に囲まれた。きたな、と思っていると、いきなり後ろからドスンと押された。その瞬間、すぐにリュックサックを降ろしたが、すでに後の祭り。リュックサックの小さなポケットに入れていた財布を掏《す》られていた。リュックサックは後ろに背負っていたので、財布を守る手段がなかった。

そう言えば、語学学校の先生が、タクシー強盗だけでなく、大きな市場に行くときは掏摸《すり》に気をつけてね、と口を酸っぱくして注意してくれていたのだった。財布を市場などに持っていったのもバカだが、それを背中のリュックサックの中に入れておいたのもバカだ。

とはいえ、財布を掏られたのは、まだマシな「授業料」かもしれない。というのも、メキシコ各地を放浪しながら、友達からひそかに学んだズボンのポケットを外に引っ張りだす、あの命がけの「必殺技」を発揮する局面には、まだ立たされたことがないからだ。

第三章

占いと儀式

サンテリアとは何か？

¿Qué es Santería?

サンテリアというのは、キューバの黒人たちのあいだで密かに受け継がれてきた宗教である。宗教というより、信仰あるいは生活の知恵と言ったほうがいいかもしれない。というのも、世界宗教と言われるキリスト教やイスラム教、仏教などと違い、こちらには教会も寺院もないからだ。居間や裏庭など、そのときに使えるスペースを使う。茣座《ござ》や、神霊のシンボルカラーを使った布で、いっとき聖なる空間を作りだし、そこでひっそりと儀式や占いをおこなう。

これはサンテリアの成り立ちとかかわっている。周知のように、16世紀以降に新大陸に進出したヨーロッパ帝国は、最初は現地の先住民《インディオ》を奴隷にして植民地運営をおこなった。そのうち、奴隷商人が登場して、効率的な三角貿易が発明される。つまり、ヨーロッパから交換物資を積み込み船出して、アフリカで奴隷と交換し、奴隷をアメリカス（カリブ海および南北アメリカ）へと運ぶ。さらに、空いた船倉に新大陸の砂糖や香辛料などを積み込みヨーロッパへと帰る。

そうして新大陸へ拉致されたアフリカ奴隷たちの中に、西アフリカのヨルバ語族の司祭もいて、彼らがキューバで継承してきたのがサンテリアである。同じヨルバ語族の者でも、ブラジルのバイーア地方へ連れていかれた司祭たちはそこで〈カンドンブレ〉という宗教を発展させ、ハイチへ連れていかれた司祭たちは〈ブードゥ〉という宗教を発展させたが、根っこは同じである。

それらには共通の特徴がある。「擬装」の技術である。公然と宗教行事をおこなえば、キリスト教徒の支配者＝軍隊に弾圧され、拷問にさらされる。彼らは弾圧を逃れるために、賢明にも「擬装」の技術を磨いてきた。

公然と自分たちの神霊を崇めることはできない。そこで、まず自分たちの神霊にスペイン語の訳を当てる。[1] 自分たちが崇めているのは、カトリック教会の聖人たちですよ、と言い逃れができるように。

それから、神霊には顔をつけずに、抽象化をおこなう。それぞれの神霊にシンボルとなるカラーとナンバーをつけるのだ。[2] それは白人の権力者の目をあざむく手段であり、自分たちだけに分かる符牒だった。

そもそもサンテリアという名称自体が、支配者がつけたもので、彼らの宗教は「レグラ・デ・オチャ（オリチャの法則）」とか「ルクミ（親愛）」とか、他にもいろいろな呼び名がついている。それらはキリスト教のプロテスタントに見られる分派（メソジスト派とか、バプティスト派とかといった）のような名称ではない。

それは、すぐに実行できる解決法を必要としている人のためにあるのであり、名称などはどうでもいいのである。だから、最初に言ったように、これを宗教と呼ぶべきかどうか、分からない。

昔、僕はいろいろな名称がつけられていることが気になり、師匠に問いただしてみたことがある。師匠の返事は明解だった。「どう呼ばれてもかまわないが、自分は〈ヨルバ〉という名称が気にいっている」と。僕も「ヨルバ」が気にいっている。というのも、お祈りや占い、お祓いの儀式や歌も、すべてヨルバ語をベースにしてスペイン語が混ざった、一種のクレオール（混成語）でおこなわれるからで、ヨルバ語なくして、「サンテリア」は成立しないと思うからだ

(1) たとえば、恋愛を司る川の守護霊オチュンは、スペイン語で「エル・コブレの慈悲の聖母」と呼ばれ、母性を司る海の守護霊イエマヤは「レグラの聖母」、平癒の守護霊ババルアイエは、「聖ラザロ」と呼ばれるように。

(2) たとえば、法や秩序を司るオバタラは、白色／8、旅や移動を司るエレグアは、赤と黒／3と21といったように。

イファ占いについて互いの蘊蓄を傾ける司祭たち。キューバ人はお喋りが好きなのだ。

アフロキューバ人の宇宙観

Cosmovisión afrocubana

アフリカからカリブ海に連れてこられて黒人奴隷たちは世界をどのように見ていたのだろう。

メアリー・クラークは次のように言っている。

アフリカの古代ヨルバ人は、宇宙をひとつだと考えていた。ヨルバの神話学によれば、この世とあの世の違いはなく、生者と死者の違いもなく、地上《アイエ》と天上《オルン》の違いもなかったらしい。

それを分かりやすい絵図で説明すると、宇宙はひとつのひょうたんである。横になったひょうたんを真ん中から水平に切ってみよう。ひょうたんの上半分は、目に見えない死者たちの住む世界で、下半分は、私たち生者の住む世界である。ひょうたんの中に、物的な要素も精神的な要素もすべてが存在する。それが全宇宙、つまり全知全能の神《オロドゥマレ》である。

普段、上下ふたつのひょうたんは互いに独立していて、まじり合わない。だが、生者と死者という、別世界に存在する個体同士は「アチェ」と呼ばれる動的なエネルギーによって交流する。

その一見矛盾する論理を、クラークは量子力学の「原子」の動きに結びつけて論じる。「原子」は「素粒子」として独立した個体の特徴を有するが、それと同時に「波動」という動的なエネルギーの特徴も有する。いわば、連動する「個体」である。そうした量子力学による「原子」の特徴が、サンテリアの宇宙観にも類似するという。

目に見えない世界（もうひとつのひょうたんの世界）には、私たちの先祖の霊だけでなく、「オリチャ」と呼ばれる神霊たちもいる。彼らも個体として活発な動きをしている。序列は、以下の通りである。最上位に、宇宙を司るオロフィン、その下に大勢のオリチャ。その下に、私たちの先祖の霊。一神論（オロフィン）と多神論（多数のオリチャ）が共存する世界である。

メキシコの先住民の多い地区、たとえば、ミチョアカン州やオアハカ州では、11月初旬に、「死者の日」の祭りを祝う。もともとあった先住民の先祖崇拝がカトリックの万霊節の影響を受けたものだという。

キューバでは「死者の日」を祝う風習はない。その代わりに、オリチャにゆかりの祝日とか、サンテリアの入門記念日とか、先祖の命日とかに、太鼓を使った憑依儀礼をおこなう。儀式の部屋には、オリチャの祭壇を作り、その前にたくさんのケーキやお菓子を飾る。プロの太鼓打ちが雇われて、アチェというエネルギーをたくさん生じさせ、普段は接触のないあちらのひょうたんの世界とこちらのひょうたんの世界を交流させる。私たちは死者とまじり合い、死者からパワーをもらうのである。

サンテリアの宇宙観

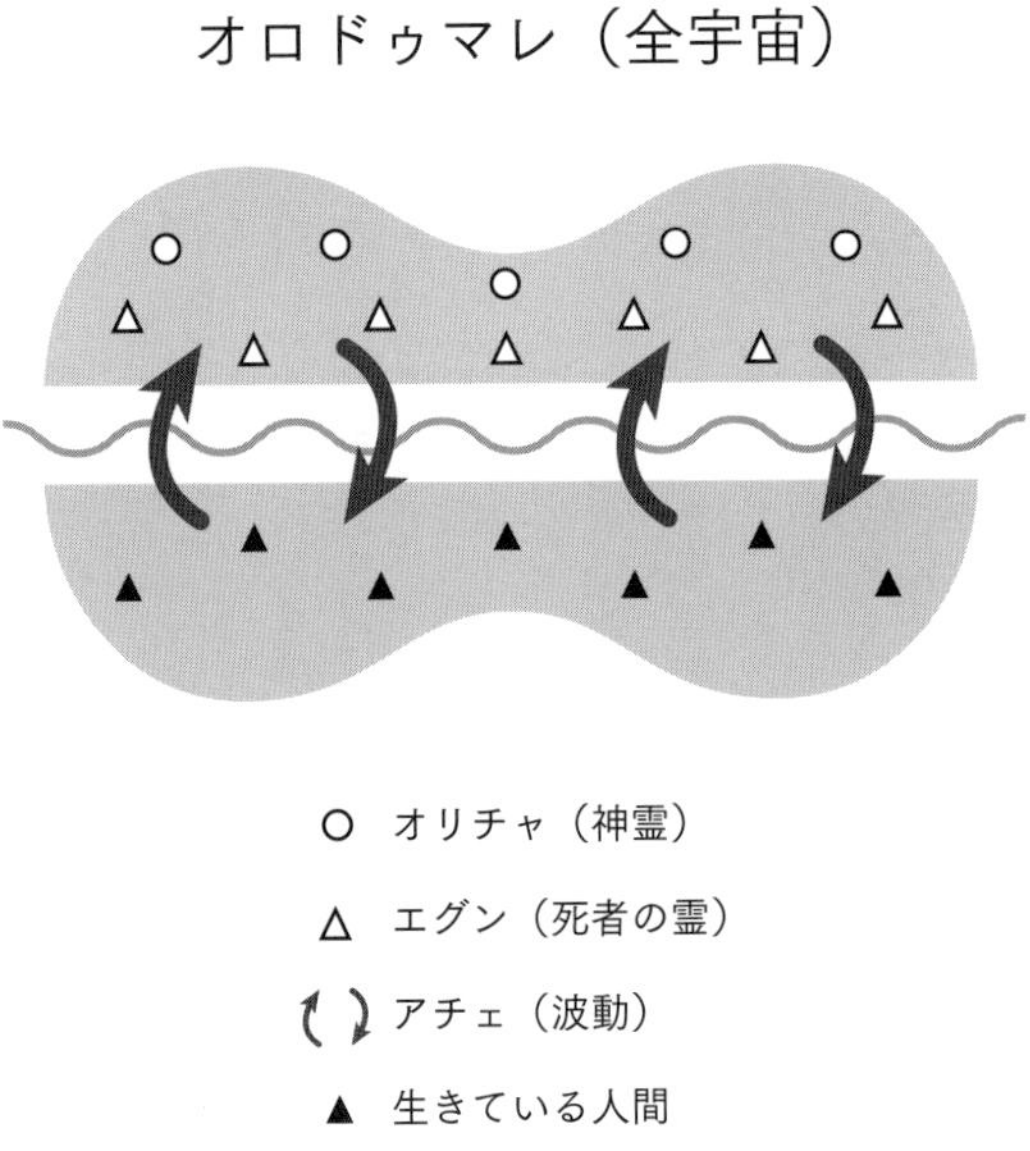

オロドゥマレ（全宇宙）
○ オリチャ（神霊）
△ エグン（死者の霊）
アチェ（波動）
▲ 生きている人間

記念日には、さまざまな神霊へのお供えが捧げられる（ハバナのサントスアレス地区）。

太陽をあがめる

Nangare

サンテリアに入門するとき、「オルーラの手」と呼ばれる儀式が待っている。勿体ぶった儀式を何度もくり返して、人からカネを巻きあげるような新興宗教教団のようなあざといシステムはサンテリアにはない。入門者がおこなう儀式は、これが最初で最後である。

宇宙を司る姿の見えない全知全能の絶対神を「オロドゥマレ」と言うが、これは人類と直接ふれあうことはない。絶対神と人間界を仲介するのがオリチャ(神霊)たちである。なかでも、オルーラと呼ばれる神霊は重要である。なぜなら、彼だけが、絶対神の知っていることを唯一、人間に伝えることができるだからだ。司祭たちが占いによってオルーラの知っていること(守護霊は誰か？その人の運勢は何か？)を聞き出す。それを「オルーラの手」と呼ぶ。

この入門式は3日かかるが、1日目の朝早く、最初におこなうのが太陽神《オロルン》への祈り「ナンガレ」である。大きめのボウルに入れたココナッツミルクを太陽に捧げる儀式で、参列者全員が、ヤシの殻で作った小さな容器でミルクを掬いとり、それを高く掲げてから、口に含んで残りを大地に流す。

司祭が歌の口火を切る。参列者が全員で「ナンガレオ」とつづける。皆で歌いながら、ひとりずつ前に進みでて、ココナッツミルクを太陽神に捧げる。

ナンガレ　ナンガレ（ナンガレオ）
ナンガレ　ナンガレ（ナンガレオ）
オロルン　アワド（ナンガレオ）
オロルン　オロユ（ナンガレオ）
アラエゴ　イモレ（ナンガレオ）

太陽や大地を崇めるというのは、「アニミズム」の基本である。「アニミズム」の世界では、その他に川や海や山、大岩や大木などが信仰の対象になった。それらの事物すべてに神霊が宿ると信じられたからである。現代人はそれを「未開人」の信仰と見なしがちだが、21世紀のいまでも、私たち日本人は驚嘆すべき霊力が備わっている場所を「パワースポット」と呼びならわし、知らないうちに「アニミズム」を信奉している。

「アニミズム」の語源は、「生命、息吹、魂」を意味する「アニマ」であり、イギリス人のエドワード・バーネット・タイラー（1832―1917）がその名付け親だと言われる。タイラーがそうした発想をするようになった舞台が、インディオの文化が息づく中南米であったことに注目したい。結核を患っていたタイラーは静養のためにメキシコを訪れ、キリスト教にはない覚醒を得たのである。

メキシコのアステカ文明やマヤ文明でも、太陽は部族神として崇められた。メキシコ各地にあるピラミッドの頂点は平たくなっており、アステカ文明ではウィツィロポチトリと呼ばれる太陽神のために人身御供の儀式がおこなわれた。マヤ文明ではチャックモールの像の上で、生きた人間の心臓を太陽に捧げ、太陽の恵みがつづく（氷河期がこない）ように願った。

もちろん、古代ギリシアでも「アポロ」と呼ばれる太陽神は崇められた。日本の仏教で言えば、真言宗が大日如来という太陽神を信仰している。

年末に大地の神〈オリチャオコ〉に感謝の祈りを捧げるが、それと同様、この太陽神〈オロルン〉への「ナンガレ」儀式は、キューバのディアスポラの民による、宇宙の恵みへの感謝のあらわれである。

「ナンガレ」と呼ばれる儀式で太陽神に捧げられるココナッツミルク。

キューバの太鼓儀礼

Tambor

キューバの各地を放浪していて、サンテリアの太鼓儀礼《タンボール》を初めて見たとき、これだ！と思った。ハバナの街なかで知り合った男に、マンションの上階の部屋に連れていかれた。玄関を入ると、すぐに居間がある。部屋の奥に作られた祭壇には、紅白の幕が張られ、緑の布が飾られていた。後で分かったことだが、祭壇の色にはすべて意味がある。緑色は大自然を象徴するだけでなく、鉄を司る〈オグン〉という神霊のシンボル。白色は法や秩序を司る神霊〈オバタラ〉のシンボルといったように。オリチャと呼ばれる神霊には顔がなく、色や数字で神霊たちを表わす。

太鼓儀礼では、必ず最初の「演《だ》し物」は特定の神霊に捧げる。3人の鼓手は祭壇の神霊に向かってすわる。歌も歌わずに、ひたすら太鼓を打ちつづける。どの神霊に捧げるかによって打ち方は違うが、素人にはよく分からない。

3個の太鼓《バタ》は、それぞれ名前が異なる。いちばん大きいものはイヤ（アフリカのヨルバ語で「母」という意味）といい、基本となるリズムを刻み、曲をリードする。これにはぐるりと幾つもの鈴が巻きつけられていて、優雅な装飾音をつけ加える。中くらいのはイトトレ（「下で従う者」という意味）

と呼ばれ、「母」と音楽的な対話をおこなう。いちばん小さいのはオコンロ（「小さい、若者」という意味）で、前二者のリズムに対して複雑な弾みをつける。

「アチェ」という動的エネルギーを起こすのが太鼓の役目であり、そのエネルギーによってあの世の魂をこの世に呼び込み、生者たちと交流させるのだ。だから、太鼓儀礼は、生者と死者の「交歓会」ということになる。日本のお盆みたいに、死者の霊がやってくるのだから。

アウンバ　ワオリ　アウンバ　ワオリ
アワ・オスン　アワ・オマ　レリ・オマ　レヤボ
アラ　オヌ　カーウェ

〈エグン〉と呼ばれる死者の霊を呼び出す歌である。「アウンバ　ワオリ　アウンバ　ワオリ」と、リードボーカルの司祭がヨルバ語で歌うと、大勢の参列者が「アウンバ　ワオリ　アウンバ　ワオリ」と唱和する。西洋音楽でいう「カノン形式」だ。これは北米の黒人教会の「ゴスペル」でも見られる特徴である。

アフリカ起源の音楽には、演奏家と聴衆の境界がない。音楽は、かしこまって聴くものではない。聴衆も歌や踊りで参加するのだ。

僕はこれまでに何度も太鼓儀礼の場で、神霊や先祖霊が踊っている人に憑依するのを見た。生者はその場で自分の人生をリセットして、これから生きていくための英気を得る。太鼓儀礼は趣味や鑑賞のためにあるのではない。アフリカから拉致された黒人奴隷とその子孫たちが白人の主人たちに隠れてひそかに継承してきた、生存のための知恵にほかならない。

「タンボール」と呼ばれる太鼓儀礼。三人の鼓手はそれぞれ異なった役割を果たしている。

占いの仕方

イファ占いは奥が深い。だが、すべて二進法からなり、個々の場面では、0（否）か1（是）かで判断するので、単純である。単純でありながら複雑という、一見矛盾する要素を弁証法的に高めたものなので、奥が深いと言ったのである。

単純と言えば、占いはまず「吉」か「凶」かを占う。そこから複雑になり、どのような「吉」なのか、どのような「凶」なのか。その理由は何なのか？　どうしたらその「吉」を確実にすることができるのか、あるいはどうしたらその「凶」を防ぐことができるのか？　どの神霊が関与しているのか。その神霊に何を捧げるべきなのか？　問いつづける。

占いの道具は、2種類ある。ひとつはエコレと呼ばれる簡易な道具で、普段、依頼者がきて近未来の出来事を占う場合は、これを使う。1本の鎖の両側にココナッツの実の殻を4個ずつつないだものである。表（白）が出たら1、裏（黒）が出たら0。

1001
0101

それから、もうひとつ16個のインキンと呼ばれるココナッツの実を両手に持って占う仕方もある。こちらは、時間も手間もかかるので、普段はおこなわない。入門式に、入門者の運勢や守護霊を占うのに使う。左手に残ったインキンが2個なら1を、1個なら2をニャメという粉をまぶした卓の上に記入していく。前述の例をこちらで書くとすると……

Ⅰ Ⅱ Ⅱ Ⅰ
Ⅱ Ⅰ Ⅱ Ⅰ

右の列の可能性は、1111から始まり0101まで16通りあり、名前と序列が決まっている。左の列も同じく16通り。2列を合せた組み合わせは、16×16で256通り。それをオドゥン（運勢）と呼ぶ。司祭は、ある人の運勢が256通りのうちのどれなのかを占うのである。最強の組み合わせは、右に1111、左に1111が並んだものである。

前述の占いでは、右の列1001は、4番目の「オディ」と呼ばれるもの。左の列は0101で、16番目の「オフン」と呼ばれるものである。それらを合せて、この運勢は「オディ・フン（またはオディ・フンボ）」と呼ばれる。それぞれの運勢には、「祈り」や「ことわざ」や「注意すべきこと」「オススメのこと」「お祓いの仕方」などが決まっているが、「オディ・フン」は、以下の通りである。

【祈り】

オディ・フンボ　イダンデ　イフン　カラフェ　イダンデ　イフン　カラコ　アディ
ファフン　ターバ

（肛門で腸は解放される／腸の解放は腐敗物をとりのぞき清潔にする／腸の解放は収縮／この予言は肛門の清潔のため）

【歌】

イディ　オモロ　ウェレウェレ　イディ　オモロ　ウェレウェレ　アラデコマ　ターバ
イディ　オモロ　ウェレウェレ

（肛門／息子は清潔にするだろう／私たちは腐敗物に蓋をする／息子がいつまでも洗いつづけないように）

【ことわざ】

遠ければ遠いほど良い。

もし髪が絡まったら、櫛だけがそれを解きほぐすことができる。

【イファの言葉】

あなたは自分にとって都合のよい、ある遠くの場所へ行きたいと思っている。

敵から遠いところへ移動したい、と。そうするだろう。

あなたは一銭もなく目覚める。服もない。母親は亡くなっている。

白を見分ける視力はある。

ある老人が頼み事をする。雨の水を頭にかけないでほしい、と。

人の悪口を言わないように注意。

あなたがいま住んでいるところに、サバンナ熱帯草原のタネがある。

誰にも悪さをしてはならない。

街に出て何かが起こっているのを見ようとすると、年上の死者たちがあなたに幸運をさずけてくれる。

あなたは白い馬に乗るのが好きだ。

アドバイスに耳を傾けること。

プレゼントされたハンカチで顔を拭かないこと。

もしあなたが女性ならば、こう言われる。「あなたは夫と別れたがっている。なぜなら、夫は人を傷つけ、とても嫉妬深い性格だから。あなたには子どもがふたりいて、マヨンベロ（パロモンテの呪術師）のそばに住んでいる」

年長の者たちがあなたを騙そうとしているのに、あなたは彼らがすることを良いことだと思っている。


さて、1度の占いでは、このような運勢を3つ導きだして、それらを基本にして、複数の司祭が依頼者に説明を加える。だから、とても時間がかかるし、丁寧な相談になる。そうでなければ、依頼者から信頼を得られない。もちろん、これだけ占って終わり、というわけでなく、吉が出たら出たで、それを確実にするための儀式、凶が出たら、それを防ぐためのお祓いの儀式を司祭は執りおこなわねばならない。

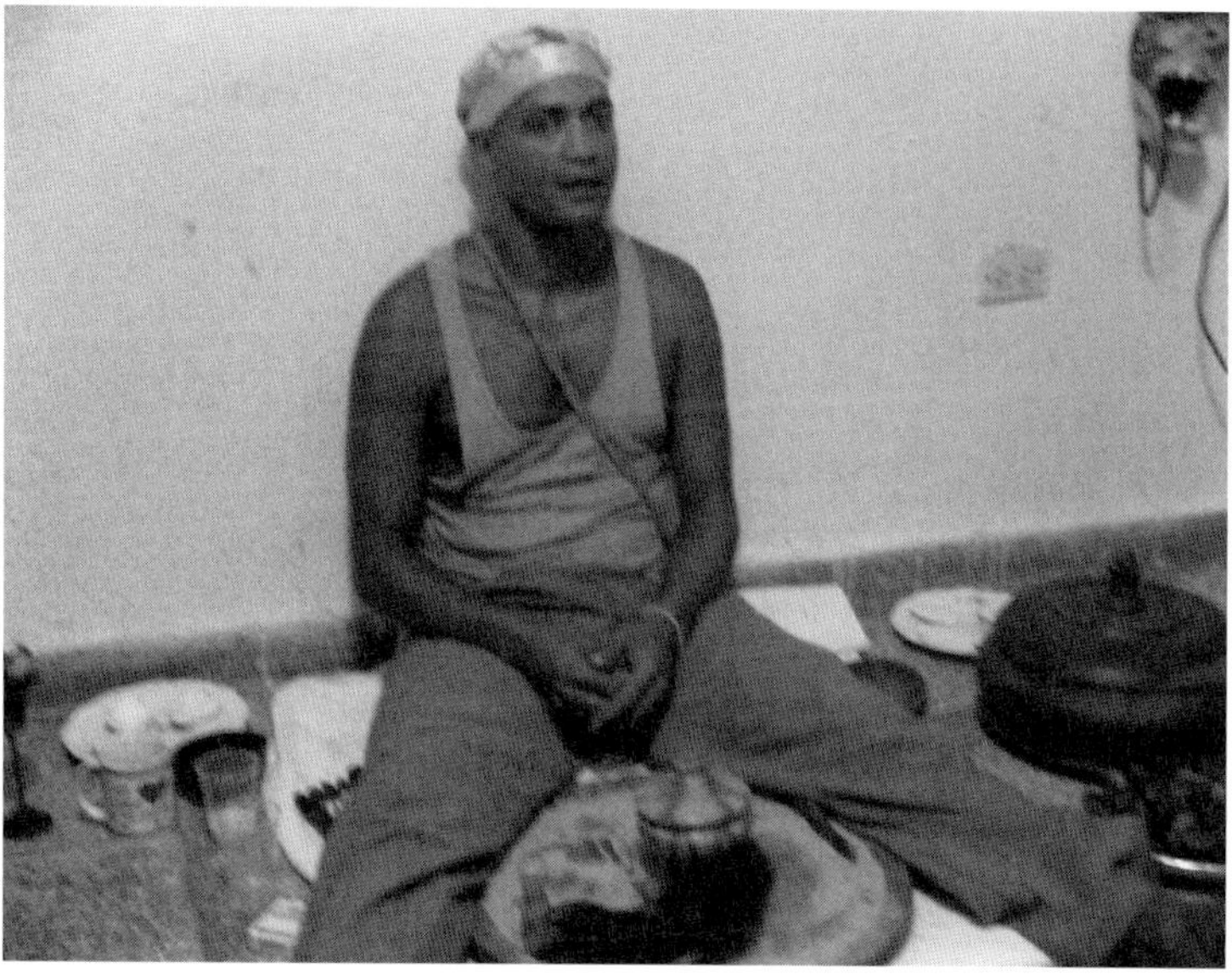

イファ占いをおこなう司祭。インキンと呼ばれるココナッツの実を使う。

キューバの神話

Patakin

キューバにオリチャと呼ばれる神様たちにまつわる数多くの面白いエピソードが残されている。オリチャたちは限られた能力の専門家であり、全知全能の神ではない。

神様たちは、非常に人間臭い。ひとりの女性をめぐって、火や雷、太鼓を司るチャンゴと鉄の神様オグンが争う、三角関係がいい例だ。

チャンゴは、川の神様アガユと海の女神イェマヤの息子。母のイェマヤは自分の息子を望まず、オバタラ（正義や法の神様）が引き取ることに。オバタラは子どもに白い首輪を与え、いずれお前は世界の王になると告げ、宮殿を作ってやる。

チャンゴは板盤と宮殿と柱を持って天上から降りてきて、この地上で運命の道を歩き始める。歩きまわっていると、占いの神様オルーラと出会う。オルーラはチャンゴが尊敬に値する人物だと知っており、面倒を見る。チャンゴはその場にとどまり、オルーラに貝やココナッツの実で占いをしてもらったり、飲めや歌えのパーティをしつづけ、喧嘩の種を探しつづける。

やがてチャンゴは墓を守る女神オバと結婚する。が、同じく墓地の女神オヤや、川の女神オチュンともステディな関係になる。チャンゴは性的な魅力にあふれ、大勢の女性にもてるのだ。

さて、オヤはもともと鉄の神様オグンの妻だったが、チャンゴに懸想して、チャンゴが自分を奪ってくれるように芝居を仕組む。この強奪事件がチャンゴとオグンをめぐる血みどろの争いの始まりである。

ときには、チャンゴは敵の家に身を隠さねばならなくなる。オヤの家にも行った。オヤは自分の三つ編みを短く切って、その髪を自分の服や宝飾品と一緒にチャンゴに身につけ女装させる。チャンゴがオヤの家から出ていくと、敵たちは信心深い人たちで、その姿を聖女と勘違いして、チャンゴを取り逃がしてしまう。チャンゴは争うにあたって武器を持たずに、代理父である薬草の神様オサインが、秘密の楽器ギロを与える。チャンゴが指でそれを弾き、それを口に持っていくと、口から火が吹き出て敵たちをやっつけることができた。

大空から大きな雷鳴が聞こえてくるときは、チャンゴが女性たちとルンバを踊っているか、馬に乗っているかのどちらかだ言われている。(1)

チャンゴは、いかにも男らしい勇姿を連想させるが、外向きの顔はカトリック教会の聖女バルバラである。聖女バルバラのイコンには、赤と白のマント、片手に剣が描かれる。オヤの仕組む女装のエピソードは、チャンゴが両性具有の存在であることを示唆する。もちろん、現代のキューバで、チャンゴが守護霊だという女性はたくさんいる。

この地球の成り立ちに触れた神話も面白い。この宇宙には、最初、「太陽神《オロルン》」と「海神《オロクン》」だけしかいなかった。ふたりはこの地球の支配をめぐって争いを繰り広げた。オロルンが大地に何か恵みをもたらすたびに、オロクンはそれを奪いとった。オロルンはすべての土地を統治したかったが、それに対してオロクンは自分の力を見せびらかすために大地を水で覆った。大地がふたたび顔を出すように、人々はオロクンに祈り《ロガシオン》を捧げなければならなかった。

オロルンはオロクンに別れを告げて、ずっと空高くに登っていって、太陽として空を支配した。一方、オロクンはこの地上にとどまった。やがて、法を司るオバタラが7本の鎖でオロクンを縛りつけねばならなかった。なぜなら、オロクンの力はとてつもなく強く、人類がオロクンへの神事を怠ったので、オロクンは人類と動物を絶滅させようとしたからだ。結局、オロクンは大洋の底に、新月のときだけに頭をちらりと覗かせる海の大蛇と一緒に、住まわせられることになった。(2)

私はまだオロルンを守護霊にしている人に出会ったことはないが、オロクンを守護霊にしている女性は知っている。海の向こうに行くことを厭《いと》わない活動的な女性で、マイアミに出稼ぎに行ったり、メキシコやベネズエラに服の買い出しにいったりして、とても商売熱心な女性である。

(1) Natalia Bolívar Aróstegui, *Los orichas en Cuba*, p.138.
(2) 同右、p.186.

火の神霊チャンゴの祭壇。チャンゴの外向きの顔はカトリック教会の聖女バルバラである。

年末は儀式の連続

Ceremonias del fin de año

年末は儀式がそこかしこでおこなわれている。

儀式といっても、キリスト教みたいにどこか決まった教会や礼拝堂でやるわけではない。民家の中でプライベートにおこなうので、つてがないと入れない。

かつて僕が泊まっていたのは、ニューヨーク・シティのロア・イースト・サイドみたいに、道路はごみだらけで人でごった返すハバナの下町だ。

僕のために「オルーラの手」という入門式をおこなってくれた司祭は、20歳近く年下だが、僕の「パドリーノ（代理父）」である。

その師匠のパートナー（妻というと語弊がある。正式な結婚をしていないからだ）が民宿を経営していて、そこが僕の定宿になっていた。

だから、まるで私塾に寝泊まりしているようなもので、分からないところがあれば、すぐに師匠に訊くことができた。家で儀式があるときは身近で見ることができた。

あるとき夜遅くハバナに到着した日に予約もなしに訪ねていき、泊めてもらったこともある。

お土産のアディダスのスニーカーを渡して談笑していると、師匠が言った。

「あさって、入門式がある。3日目のイファ占いだけど」

ということは、きょう動物の生け贄の儀式があったわけだ。何を屠ったのか訊くと……

「雄鶏を8羽」という返事だった。

12月4日が聖女バルバラの祝日であることもあり、その週末には行事が相次いだ。

カトリック教会の聖女バルバラは雷・火・太鼓などを司るチャンゴと習合している。守護霊がチャンゴである師匠の腹違いの妹の家で、夜遅くまでチャンゴに捧げるフィエスタがあった。

そこは対岸の街レグラやカサブランカへ向かうフェリーの渡しがあるハバナ湾の近くの集合住宅。それは、黒木和夫監督の映画『キューバの恋人』の中で、若いハンサムボーイの津川雅彦がハバナの街で引っかけた（と思った）女性を訪ねていくアパートによく似ていた。4階にある部屋の入口に立っていると、中央の吹き抜けの部分を、テレビの音や、誰かが人を呼ぶ声などにまじって、どこか下のほうの部屋でおこなわれている太鼓《タンボール》の儀式の音や歌声が、まるで火山の噴火のように勢いよく下から突きあげてくる。

実は、夕方、その近所でチャンゴに捧げる太鼓儀礼があった。くだんの家に行ってみると、演奏はバタと呼ばれるサンテリアの太鼓ではなく、箱型の打楽器カホンと、ギラと鉦だった。キューバ東部のやり方だという。

玄関から入った突きあたりの壁に、死者の霊に捧げる聖水「ボベダ・エスピリツアル」が飾られていた。小さなテーブルの奥の方に、赤い服をまとった黒人人形が鎮座しており、葉巻が添えられている。面白いのは、宗教的な混淆をしめすかのように、中央の聖水の入ったコップの中には、礫のイエスの十字架が入っている。その他のコップにはバラの花が入っていた。中央の大きな花瓶には、薄いピンク色のグラジオラス、花弁の小さなひまわり、香りのよい白い花アスセナ、緑色のアルバカ、紅色のバラなど、色とりどりの花が飾られていた。壁に飾られたアレカと呼ばれる扇状の葉や、セドルの小枝と葉が緑の森を演出していた。彼らは都会の狭苦しい部屋を広大な緑の野原や森林に変える創意工夫の名人である。

翌日の夕方には「死者《エグン》の霊に捧げるカホン」という憑依儀式があり、カホンや鉦の音、ラム酒や葉巻に誘発されて、神がかりになる人が続出した。

儀式の最後のほうで、儀式をとりしきっていた司祭《サンテロ》自身が死者の霊に取り憑かれて、いきなり僕を中央に引きずりだして、皆が取り囲むなかで、僕のめがねを乱暴にはずし、死者の霊の口伝をほどこした。

死者の霊が僕に対して、現在の仕事のほかにもうひとつ仕事をやっているのか、と訊く。僕が小さい声でやっていると応じると、現在か将来においてそうとう金が儲かるという、うれしいお告げだった。そのためにも、亡くなった祖父のために、花やろうそくや線香を捧げる必要がある、と司祭は付け加えた。

翌日には、僕が泊まっている民宿の居間で、ある女性の依頼で、師匠が女性の娘の守護霊であるオチュン（愛や出産や黄金を司る女神）に動物の血を捧げる儀式をおこなった。女性の娘はスペインに住んでいるので、母親が代わりに依頼にきたのだ。師匠の若い息子も司祭として参加して、彼らは部屋の一角にゴザを敷き、イファの占いをおこなってから、雄鶏3羽と雌鳥1羽を生け贄にした。それらの血をオチュン（黄色い容器）に捧げ、その後、その上に大皿を乗せ、カカリヤと呼ばれる白い石灰粉をまぶしたパンを添え、ろうそくを灯して1週間ほどオチュンに祈りを捧げた。

その日の夕方には、小一時間ほどバスに揺られてマリアナオ地区に行き、やはり守護霊がオチュンである若い女性のために、ごみで汚れた川のそばで雌鳥の血をオチュンに捧げる儀式をおこなった。生け贄にした雌鳥はそのままどぶ川に流した。

これがほぼ1週間の出来事である。

はたして、あの「死者の霊に捧げるカホン」の夜に、司祭が死者の霊に代わって僕に語ってくれたことは、真実なのだろうか。

キューバにはこういう諺がある。「真実は、嘘つきが語ったものでも、なんとも信じがたいものだ」と。

真実とか嘘とか、そうした二分法の思考にとらわれると、ハムレットのように解決策のない泥沼におちこむ。僕は真実であれ嘘であれ、ともかく司祭の有り難い言葉を信じることにした。

聖水が入った「ボベダ・エスピリツアル」。中央のコップにはイエスの十字架が入っている。

霊はコンピューターの中で夢をみるか？

¿Anima duerme en la computadora?

ある日曜日の朝、まだ薄暗いひと気のないサンティアゴの街なかを、僕は天敵の蛇をさがすマングースみたいに小走りに革命広場のほうに向かっていた。オレンジ色の街灯がついた小さな公園のそばを通り過ぎると、街灯のない道路を穴に足を取られないように気をつける。

革命広場よりずっと手前のバスターミナルの脇で、エル・コブレ行きの乗り合いバス（といっても、改造トラック）に乗る。

乗客はまるで家畜みたいにトラックの荷台にぎっしり詰め込まれ、僕は最後尾に立つ。車掌の男に5ペソを払う。片手に水の入った大きなペットボトルをもち、もう片方の手で、手長サルみたいに頭上の鉄棒をつかむ。トラックはカーヴの多い田舎道を猛スピードで飛ばし右に左に大きく揺れる。

エル・コブレの町は、サンティアゴから内陸に20キロほど行ったところにある。コブレというのは、スペイン語で「銅」という意味で、この町には銅山がある。

1530年頃から奴隷制が廃止される19世紀の後半まで、300年以上にわたって、スペイン人の総督の下で、アフリカから連れてこられた大勢の奴隷たちがここの銅山で働かされた。奴隷たちによる反乱も頻繁にあったし、銅山から逃げる者もいた。

エル・コブレのセントロ地区に着くと、坂道を歩いてゆく。丘の頂上にカトリックの教会が見えてくる。白塗りの立派な教会だ。さすがキューバの守護神「慈悲の聖母」が祀られているだけのことはある。

教会の門の前に立つと、右手のトタン屋根の家の向こうから太鼓と鉦のリズムに合わせてアフリカの歌声が聞こえてくる。何かの集会をやっているに違いない。

僕は飢えた山羊のように、なり振り構わず音のするほうめがけて手前の道を小走りで進む。角を曲がると、ひとりの背の高い黒人の男がぬっと僕の前に現われた。

「見るかい?」と、男は獲物を見つけた蛸のように、さりげなく僕の肩に手をまわして誘った。

「見る見る。グラシアス」と、僕は答えていた。

「おれ、ホルへだよ」

男は、人当たりのよい笑顔を見せて「ベンベイをやっているんだ」と言った。先祖の霊や神霊にお供えをして、厄払いをするらしい。

家の脇を通って奥のパティオに出る。そこでは、大勢の人が歌いながら踊っていた。ホルへに聞くと、きのうの夜10時頃からずっとこんな感じだという。そろそろクライマックスらしい。

中庭の一角に穴が掘ってあり、そこに人々が集まり、生け贄に使った雄鶏の内臓や羽根を長老の指示で順序よく埋めていく。その間も、太鼓と鉦のリズムや人々の歌はつづく。

するとひとりの長老が身体を震わせる。明らかに何かが乗り移った様子だ。身体がずるずると穴の下に降りていき、まるで生け贄と一緒にあの世にいきたがっているかのようだ。

若い男が後ろから長老を羽交い締めにして、必死に引き戻そうとする。と、もうひとりの長老も神がかりの状態になり、身近にある木の幹を右手ではげしく叩く。何か呪文のような言葉をつぶやく。

僕はホルへに撮影の許可をもらって、この最後の儀式のところだけはデジタルカメラをビデオモードにして撮った。

神がかりというのは、黒人信仰の神霊か死者の霊が人間に乗り移るわけだから、すでに人間ではなく神聖な存在だ。そんな映像を撮ることなど本来は許されない。

僕は強烈な目の輝きをした老女に、なぜ撮ったのだと恫喝《どうかつ》された。

「ホルへが……」と僕は言い淀んだ。

正直なところ、僕の中では、まずかったなという気持ちと、いい映像が撮れたぞという気持ちが相半ばしていた。

その日、宿に戻り、カメラの中のメモリーカードに保存した画像や動画をノートパソコンに移し替える作業をした。

だがなぜか、ビデオで撮ったあのシーンだけは取り込めない。その後も、毎日メモリーカードの画像や映像をパソコンの中に取り込んだが、あのシーンだけはついにできなかった。

あるとき、僕はカメラに保存してあったその動画をうっかり削除してしまった。僕は落胆した。口に咥《くわ》えた骨を川に落としてしまったイソップ寓話の犬みたいに。

翌朝、僕は自分自身に言った。やっぱりあれは、文明の利器なんかに保存して人に見せびらかすものではなかったのだ、と。

ホルへが僕を慰めるように言った。「キューバに、こういう諺があるよ。『オオカミと一緒に歩く者、吼《ほ》え方を学ぶ』って」

僕は時間をかけて、ホルへたちから「吼え方」を学ぶことにした。

むしろの上に並べられたさまざま薬草。これらを調合してオミエロと呼ばれる薬草水を作る。

あるはない、ないはある

Nada es todo y todo es nada

「あるはないに異ならない。ないはあるに異ならない。あると思っているものは実はないのである。ないと思えばそれはあるにつながるのである」

詩人の伊藤比呂美が現代語に翻訳した『般若心経』の一節だ。これをどう理解したものだろうか。

このところ、僕は黒人信仰サンテリアの儀式のために、ハバナのマリアナオ地区に出かけることが多い。

下町から2両連結のバスに乗ると40〜45分ぐらいで着く。

町の中心からたったそれくらい離れただけで緑豊かな田園といった感じになる。先日も、マリアナオ地区のポゴロッティと呼ばれる集落で儀式があった。

朝早く集落に着くと、師匠はただちに僕を含めて3人の弟子を呼び、4人で近くの森へ薬草採りに出かけた。司祭の入門式に使う薬草水の材料を探すためだ。

師匠は、大きなナイフで次から次へと薬草を短く切り、ズダ袋の中に入れていく。そのたびに、僕は名前を尋ねてノートに記入する。エスコバ・アマルガ、マッツエルソ、カラバサ、ガロ、べルベナ……。

実は、薬草はそれぞれに持ち主の守護霊が決まっている。例えば、アルバカという植物は、すべての守護霊が持ち主である。

アルバカの薬効としては、水浴で使うと悪霊の影響を取り除き、体を浄めることができるという。葉や花を煎じて飲めば、頭痛や胃腸痛に効く。お茶で飲めば、精力減退や心気症（一種の神経症）の対策にも使える。その他にも、体の一部が炎症を起こした場合、葉を砕いて患部に塗るとよい。ちなみに、アルバカは、日本でバジルと呼ばれている。

師匠は、集めてきた30種類以上の薬草をズタ袋から取り出すと、ゴザの上に選り分ける。

それから、陶器のかめの前にふたりの司祭が向き合って座わり、薬草を両手でごしごし絞る。もうひとりの司祭が歌をうたいながら、両手の中で砕かれている葉の上に水をかける。その水がかめの中に落ちる。薬草を砕きながら、司祭たちは皆、ヨルバ語でオサイン（薬草をはじめとする植物の神様）の歌をうたう。

オサインの葉を並べます　祈ります
素早く活きのよい薬草を　砕きます
素早くオサインの薬草を　砕きます

薬草水作りは、1時間近くつづく。薬草をごしごし絞っていると、次第に手首が疲れてくる。というのも、ときたま香りをよくするために、チーズのようなカカオ脂の塊も一緒に砕かねばならないからだ。

サンテリアの盛んなキューバは熱帯の土地である。その起源である西アフリカもそうだ。僕の懸念は、日本で儀式をおこなうさいに、日本にない熱帯の薬草をどうしたらいいのかということだった。さらに、〝オビ〟という占いに使うココナッツの殻も、日本にはない。

あるとき、僕はその疑問を師匠にぶつけてみた。師匠もすでにそのことを考えていたようで、即座に「なければ、日本にあるもので代用すればよい」という答えが返ってきた。

そのとき、ふと僕の脳裏には伊藤訳の『般若心経』が思い浮かんだのである。「ないと思えばそれはあるにつながるのである」という一節が。

ココナッツの殻を使った「オビ占い」。日本での儀式では他のものを代用するしかない。

3 母親のまなざし

アレックス・コックス監督が撮った傑作『エル・パトルイェロ』（1991年）。メキシコ北部に赴任するペドロという新米警官を主人公にした映画だが、巡査部長が警察学校の卒業生たちに訓示を述べる印象的なシーンがある。

巡査部長が居丈高に訊く。「諸君、警官でいちばん大事なことは何だ」

ペドロ君が指名され、「犯人を捕まえることです」と、そつなく答える。

すると、巡査部長が驚くようなことを言う。「そんなの当たり前だ。犯人であろうがなかろうが、まず捕まえろ。それから罪状を考えるのだ」

あるとき、僕はメキシコシティの下町にある安ホテルに泊まっていた。

朝早く誰もいないロビーに出ていき、コーヒーを飲みながら外の通りを眺めていた。すると、かわいい小学1年生たちが歩いていくではないか。お母さんたちに手を引かれて、真新しい制服をビシッと着こなし、髪はきれいに梳《と》かしている。なにしろ格好いいのだ。

僕は部屋に戻ると、ポケットカメラを持って外に飛び出た。なにしろ起きたばかりで、短パンにTシャツ、サンダルというだらしない格好だ。

なんとか、いい写真が撮りたい。そう思いながら、登校する親子を追いかけていく。角を曲がったところに学校があり、その前で生徒の受け渡しがおこなわれている。

そのとき、僕にはひとつ問題があった。その頃はまだデジタルカメラではなく、しかもフィルムが残り少なかった。だから、手当たり次第にシャッターを切るわけにはいかない。

ファインダーを覗いたまま、決定的な「瞬間」を求めて、道路の向かい側から近づいていき、アップで撮ろうとした。そのときだ。教師やお母さんがその怪しいアジア人に気づき、取り囲こんだのだ。

やがて、パトカーが1台やってきて、僕は2、3キロ先にある本署に連行された。しばらくして、近くの警察病院に連れて行かれて、女医の「診断」を受けた。女医は僕にパンツを脱ぐようにいい、その場でぐるりと1回転するように命じた。

母親たちも集団でやってきた。カウンターの向こうから、奥のほうに勾留されている僕を睨みつけ、警官に必死になにかを訴えていた。

午後になってようやく、署長の前に呼び出され、説明を求められた。僕はフィルムを現像してほしいと頼んだが、聞き入れられなかった。かわいい小学生が……などといった言い訳も、言わずもがな。司法権力のピラミッドの頂点に立つ人である。あの映画の巡査部長のように、やすやすと人を信用するわけがない。

後で分かったことだが、僕はいろいろな嫌疑をかけられていたようだ。誘拐組織に児童の写真を提供する者、ネットで児童のポルノ写真を売る者、異常性愛者など。

夜の8時をすぎる頃、警察がホテルの部屋を検分してから、ようやく解放された。

僕が大げさに「メキシコ警察署勾留事件」と呼んでいるこの一件でとても恥ずかしく思ったのは、女医にパンツを脱がされたことではない。日頃、やらないように自分自身に戒めていた「文化的な覗き見」をしてしまったということだ。あの母親たちのまなざしがそれを僕に教えてくれた。

翌朝、警察署を訪れカメラを返してもらい、警官同伴で近くのフォトショップに行き、フィルムを現像してもらった。児童たちの映ったものは1枚もなかった。

第四章

変わりゆく革命の国――2015

アメリカとの雪どけ

Deshielo de las relaciones entre Cuba y EE.UU.

２０１４年の12月半ばに、世界のマスコミは、キューバとアメリカの国交回復のための交渉を大々的に報じた。もちろん、日本のマスコミも例外ではない。それ以来、２０１５年7月20日の大使館の再開まで、日本のマスコミがこれほど両国の関係について紙面を割いたことは、最近ではめずらしい。世界同時多発テロ事件以降に、キューバにある米軍のグアンタナモ基地でおきた「テロ容疑者」への拷問事件を除けば、の話だが。

オバマ大統領は、在位中の「遺産」作りのために、54年も続いた国交断絶にケリをつける決断をしたとも言われているが、それは正しくない。実は、２００８年に「Change, Yes, We Can（変化をもたらすことができる）」を合い言葉に大統領に就任して最初におこなった政策のひとつが「制裁の緩和」だった。２００９年4月に、キューバ系アメリカ人のキューバへの渡航や送金を承認したのである。

これは共和党出身のブッシュ前大統領の、キューバを世界から孤立させようとする「孤立政策」から大きく「転換」した「関与政策」だった。

僕がそれを実感したのは、サンティアゴ・デ・クーバのアントニオ・マセオ国際空港でハバナ行きの便を待っていたときだった。そこになんと「フロリダ行き」の便の掲示があったのだ。正直、これには驚いた。2008年に初めてキューバに行ったとき、ハバナの宿にニューヨーク在住のアメリカ人が泊まっていて、国交がないから、わざわざメキシコ経由でやってきたと話していたからだ。1962年からアメリカ人のキューバ渡航は禁止されている。

というわけで、僕は好奇心に駆られて、フロリダ行きの列に並んでいた人に、フロリダまでいくらですか？　あちらへ旅行で行かれるのですか、それとも移民するのですか？　などと図々しく訊いてみた。フロリダまでは片道500兌換ペソ（その当時のレートで、5万円ぐらい）、久しぶりに帰省した家族を送りにきたので、自分があちらに行くのではない、という答えだった。それはそうだ。5万円と言えば、キューバ人にとって大金である。

そのとき、僕はキューバ系アメリカ人には、細いながら、そうしたパイプがあることを知ったのである。ちなみに、ハバナのホセ・マルティ国際空港では、そうした光景は見られない。私たち外国人は国際便が発着する第1ターミナルや国内便が発着する第3ターミナルを使うが、もうひとつ、第2ターミナルという謎のターミナルがあり、キューバ系アメリカ人を乗せたアメリカの飛行機はそこを使っているようだ。

それはともかく、オバマの「関与政策」は、順風満帆《まんぱん》とは言えないようだ。反対勢力がいるからだ。反カストロ派の亡命キューバ人は言うまでもなく、彼らの利益を代表するフロリダ選出の上下両院議員、伝統的に共産主義アレルギーの共和党など。彼らは、グアンタナモ基地の返還や「禁輸措置」解除に反対している。

だが、微妙なねじれもある。まず、共和党の支持母体のひとつである産業・経済界がオバマの「関与政策」を後押ししていることだ。たとえば、全米商工会議所のトーマス・ドナヒュー会頭は、禁輸措置の解除を求める旨の声明をただちに発表している。『読売新聞』(12/19/2014)によれば、ドナヒュー会頭は、すでに春先にキューバを訪問し、国家による統制経済が弱まっている状況を視察したという。「中国などがキューバに接近するなか、米産業界には現状のままではビジネスの機会に乗り遅れるという危機感がある」というのが消息筋の見方だ。

さらに、米国在住のキューバ人の中にも、微妙なスタンスの相違がある。かつて政治亡命したキューバ人は革命政府の転覆を目指したが、米国生まれの二、三世の世代が増えてきて、反カストロ感情が弱まっているようだ。さらに、'80年代以降にキューバから逃げて来た難民は、故郷への思いが違う。難民キューバ人にとって、革命後に、自分たちが受けることができた教育や治療のことを思えば、貧困に喘ぐことさえなければ、革命以後のキューバも悪くないのだ。[1]

(1) 伊藤千尋『反米大陸』(集英社新書)によれば、「マイアミのキューバ系市民90万人のなかでも、革命直後の'60年代にアメリカに逃れた政治亡命者は、今や少数派だ。'80年代に押し寄せた経済難民や、'90年代以降の『出稼ぎ』が、今は多数派を占める。亡命者の子どもたちは、自分をキューバ人でなく、アメリカ人だと考えている。経済難民や『出稼ぎ』は、本国の家族に送金し、年に1度は帰国する。キューバを訪ねるキューバ系アメリカ人は、年間約12万5千人。彼らのほとんどは、アメリカによるキューバ経済制裁に反対だ」(189ページ)

国交回復に向けた最近の動き

2013年6月-11月		カナダで互いの工作員の釈放をめぐって、両国が秘密交渉
2014年	3月	ローマ法王、両国首脳に親書、人道問題の解決をうながす
	7月	プーチン露大統領、習近平中国国家主席がキューバ訪問。
	10月	ローマ法王、両国代表団をバチカンに招待。
	12月16日	両国首脳、国交正常化交渉開始をめぐって電話交渉。政府高官による発表
	12月17日	両国首脳による声明
2015年	1月12日	キューバ、政治犯 53 人の釈放完了
	1月21日22日	第 1 回両国高官協議（ハバナ）キューバ移民問題（米、脱出者の受け入れ）
	2月27	第 2 回両国高官協議（ワシントン DC）
	3月	EU 外相、キューバ訪問。カストロ議長らと会談
	4月	スペインの財界代表団、ニューヨーク州知事がキューバを訪問。英国とキューバが経済協定締結。
	4月11日	米州首脳会議の開かれているパナマで、キューバ、アメリカ両国首脳会談
	4月14日	オバマ大統領、議会に、キューバの「テロ支援国の指定」(1982 年～) の解除を通知。5 月 29 日に解除が発効。キューバへの軍事物資輸出禁止、経済援助禁止、国際金融機関の融資規制などが解除。
	5月2日	日本の岸田外相、キューバ訪問。ラウル・カストロ議長と会談。商社や金融、医療など、日本企業 20 社 25 名も同行
	5月	オランド仏大統領、キューバ訪問。「（米国の）制裁解除に向け、できるかぎりのことを行なう」と述べる。
	5月19日	キューバ政府、米国内で銀行口座を開設。
	7月20日	米国、キューバ国交回復。54 年ぶりに互いの大使館を再開。
	8月14日	ケリー米国務長官、キューバ訪問。
	9月29日	米国、キューバ両国首脳が国連本部で会談。

夕涼みをしながら談笑する女性たち。ハバナ市民にとって大切な憩いのひと時。

革命から観光へ

De Revolución a turismo

1991年以降、米国からキューバへの渡航は、家族訪問を目的とするキューバ系アメリカ人だけに限られていたが、国交正常化の動きに合せて2015年から、渡航目的が学術、芸術、取材、人道支援、スポーツ、貿易など12の分野に拡大された。

だが、渡航規制は、すでに2014年の夏に緩和されていた。おそらく試験的に。ハバナの閑静なベダド地区にあるマンションに映像作家ミゲル・コユーラ（1977年生まれ）を訪ねたときだった。彼はグッゲンハイム奨励金を得て、ニューヨークで暮らしながら、『セルヒオの手記――ユートピアからの亡命』（2010年）を完成させ、それはサンダンス国際映画祭でプレミア上映された。その後、数々の賞を受賞したが、奨励金が切れて帰国していた。

彼のスタジオ＝自室を訪れたのは、次作『コラソン・アスール（青い心）』の中に、彼自身が作った日本風アニメが出てきて、日本語による吹き替えを頼まれたのだ。日をあけて2日間訪れて、作業に付き合った。60を過ぎてからアニメの吹き替えをやるなどとは、夢にも思わなかった。

2日目には、彼の家に頻繁に電話がかかってきて、作業は何度も中断を余儀なくされた。ミゲルによれば、研修の名目でキューバにやってくるアメリカ人だという。『セルヒオの手記』は、自由を求めて米国に亡命したキューバの知識人を扱ったものだ。(1) 主人公は、亡命先の米国で自分の居場所を見いだせず、宙ぶらりんの状態のまま人生を無為に過ごす。キューバも米国も、どちらもユートピアになり得ないという意味で、両国の関係史を論じるには格好の「テクスト」かもしれない。アメリカ人たちはハバナでの映画鑑賞や監督との質疑応答などをリストアップして学術研修会の形を取り、それを渡航理由にするのだろう。ミゲルによれば、マイアミから船で毎週のようにやってくるという。

これは2014年夏の話である。その年末に、海外からの観光客は、過去最高で300万人を超えた。『グローバル・トラベル・ニュース』によれば、国交正常化のニュースが出て以来、観光客はさらに急増しているという。キューバ統計局は、2015年の上半期の外国人旅行者がすでに170万人に達し、前年比で約15%増である、と公表した。とりわけ、5月は24万人弱の外国人が訪れ、それは前年比で21%増である、と。夏には、さらなる増加が見込まれるので、年間でも前年を上まわるに違いない。

いまのところ、得意先はカナダ、ドイツ、フランス、英国、イタリア、アルゼンチン、ベネズエラなどである。だが、これから米国が上位に食い込んでくるのは必至である。フロリダからの船便に加えて、ニューヨークから格安航空会社の「ジェットブルー・エアウェイズ」がチャーター便を飛ばしている。ロサンジェルスからもアメリカン・エアが2015年12月からチャーター便を週1便だが、飛ばすことを決めた。

チェ・ゲバラが誰か、知らない若者が増えている。いつまでも、「革命の国キューバ」というコンセプトにあぐらをかいているわけにはいかない。あるいは、リゾートビーチだけがウリではない。観光省は自然を楽しむエコツーリズム、学術研修、アウトドア、文化・歴史遺産など、旅の多様性を打ち出して、外国からの集客に躍起になっている。

観光業が主要産業であるキューバにとって、外国人観光客の急増は好ましいことにほかならない。だが、世界がどんどん均質化(アメリカ化)していくなか、マクドナルドとスターバックスがまったくない街並みには、それなりに魅力はある。

だが、あの海岸通りに、ふたつの会社のロゴが掲げられ、そこに外国人観光客や成金のキューバ人がたむろするようになるまで、そう時間はかからないかもしれない。

(1) この映画は、エドムンド・デスノエスの小説に基づく。デスノエスの前作を基にグティエレス・アレア監督が制作した『低開発の記憶』では、キューバに取り残された知識人を語り手にしている。キューバでも宙ぶらりんの状況は同じだった。つまり、「キューバのブルジョアのことを考えるたびに、口から泡を吹くほど腹立たしくなる」とアメリカに影響されたブルジョワ的価値観を否定しながら、かといって、語り手の「僕」はキューバ革命の社会主義的イデオロギーを信奉しきれない。アメリカ資本主義の虜になって亡命に走る者たちを愚かだと感じるほどにはインテリだが、しかし政治活動に走るタイプではない。いわば、どっちつかずの非政治的なダメ男。自虐のユーモアがデスノエスのお家芸だ。

仲間内でドミノゲームに興じる若者たち。キューバでは人気の娯楽のひとつだ。

家族の解体と再生

Separación y reunificación de la familia

2015年7月20日、国交正常化交渉の結果、ハバナのアメリカ大使館が再開された。それまでスイス大使館に間借りするかたちの「利益代表部」だった。

だが、人々はそれまでも「アメリカ大使館」と呼んでいた。建物も場所も変わらない。ただ、大使がいないだけだった。[1]

海岸通りにあるアメリカ大使館に行ってみた。9月初旬の朝早くと、1週間後のお昼すぎに。いずれも35度を越す真夏日で、道を歩いているだけで、汗が吹き出てしまう。まるでサウナの中でフィットネスをしているような感じだ。

大使館から300メートルくらい離れたところに、うっそうとした大木に覆われた小さな公園があった。人々が木陰に群がっていたが、近くの別の役所への申請者もかなり混ざっていた。

数年前のこと。'90年代初頭の経済不況を背景にしたフェルナンド・ペレス監督の名作『永遠のハバナ』に想を得て、キューバで知り合った人々に「唐突な質問ですみませんが、あなたの夢は何ですか?」と、訊いてまわったことがある。

ほとんどの人が異口同音に、外国に行ってみたい、と答えたものだった。じゃ、どこへ？　と訊くと、たいがいの人が、どこでもいいから、とにかくキューバを1度は出てみたい、と答えた。

それほど閉塞感が強かったのである。

長引く経済停滞で、毎日のように、太陽は燦々と射しているのに、人々の心の上にはどんよりとした雲が覆っているかのようだった。

もちろん、社会のエリート層をなす政治家、役人、医者、スポーツ選手、学者、芸術家などは例外である。海外からの招聘があれば、キューバを出ることは簡単だ。だが、僕が質問したのは、そうした少数のエリート層ではなかった。

その小さな公園のベンチに腰をおろす老女がいた。老女と一緒にいるのは、13歳の孫娘とその母親だった。老女の息子が8年前に単身、アメリカに亡命した。いまはマイアミで別の女性と結婚しているという。こちらでも、妻は別の男と結婚している。老女によれば、孫娘だけがアメリカに移住するのだという。少女は英語が話せない。いくら父親がいるとはいえ、海の向こうで待っているのは、他人の家庭である。こちらで実の母親と暮らしているほうがずっと安心なのではないか。この移住に関して、母親も娘も口数は多くない。老女がこうした事情をすべて僕に説明してくれた。少女はすでに申請を済ませ、ここ1週間毎朝ここに来て、入国査証（ビザ）が降りるのを待っているのだという。

経済不況による移住によって、家族がばらばらになる。と同時に、別のパートナーやその連れ子と一緒に新しい家族を作り直すケースがいくつも見られる。キューバでは、とくに都市部で、血のつながりに寄らない家族が増えているようだ。

このことは、必ずしもデメリットばかりではない。日本では、昔からよく「血は水よりも濃い」と言われ、血のつながりの大切さが強調されるが、血は濃いほど、逆に働くこともある。遺産相続などで、きょうだいのあいだで骨肉の争いが繰りひろげられる例が多く見られる。また、血のつながりに甘えて、自分の子供をおもちゃにする親もいる。

たとえ血のつながりがなくても、新しい両親がそれぞれの連れ子たちをいたわり、連れ子同士が仲良くしさえすれば、家族として機能する。キューバは、そんな血のつながらない家族の実験場である。古い因習にとらわれないという意味で、〝キューバ革命〟はいまもつづいている。

(1) 在キューバアメリカ大使の任命には、上院議会の承認が必要。過半数を占める共和党の反対があれば、大使不在の大使館となる。

公園の日陰で大使館での受付を待つ人々。海の向こうのアメリカにそれぞれの夢を描いている。

出稼ぎと移住

Emigrantes

アメリカ大使館の近くにある小さな公園には、初めて申請に訪れた人も、すでに大使館員との面接を済ませ、申請が受理されて入国査証（ビザ）を取りにきたという人々もいた。2度目に訪れたとき、いろいろと話が聞けた。

25歳だというが、とても落ち着いた感じの白人女性は1週間前に申請を済ませて、ビザを取りにきていた。4年前から夫（30歳）がフロリダのタンパに住んでいて、ようやく一緒になれるのだという。

恰幅のいい中年の白人女性（45歳）は、初めて申請に来た。この10月で50歳になる夫が1年前にアメリカに亡命した。彼女も夫の住むマイアミに移住したいのだという。

50歳ぐらいの混血女性は、ハバナ空港に近いボジェロ地区に住んでいる。初めて申請にきた。親族らしい人たちが彼女を囲んでいた。女性によれば、彼女の夫、娘夫婦、娘夫婦の子どもたちだという。彼女の弟がフロリダに暮らしていて、家族全員で移住したいのだという。

30代の白人女性は、夫の代わりに短期滞在用のビザを取りにきた。夫がメソジスト系の教会の仕事で、オハヨオ州に行くのだという。あなたは同行しないのですか？　と訊くと、私は行かない、とあっさりと答えた。こうした手続きには慣れた感じだった。

この小さな公園は、まるでいろいろな人々の思惑や希望が交錯するジャングルだ。とはいえ、ここにいる人たちには、ちょっと前までキューバが閉塞状況にあったとき、ボートや筏でメキシコ湾流を渡ろうとした人々の切羽詰まったようなところはない。少なくとも飛行機でアメリカへ旅するだけの経済的な余裕はある。

ビザを申請するにせよ、受け取るにせよ、みな午後1時に来るように指示されていた。ようやく1時半をすぎた頃に、大使館のゲートから赤いビブスをつけた白人女性が公園のほうにゆっくりと歩いてくる。いま大使館で働いているキューバ人は数千名と言われるが、そのうちのひとりだ。女性は、ビザを申請にきた人のグループと取りにきた人のグループに分かれ、2列に並ぶように命じる。初めて申請にきた人は4、5名。それに対して、ビザの受け取りにきた人は20名以上いた。赤いビブスの女性に率いられ、彼らはまるで囚人みたいに1列になってぞろぞろと大使館のゲートのほうへ歩いていく。真上から太陽が彼らを容赦なく照らす。

これは、親しい友人から聞いた話だが、アメリカに旅するのは比較的容易になっているようだ。1度、滞在許可を得られれば、何度も行き来できる。ちなみに、その友人の知り合いは、3カ月ほどテキサス州のヒューストンに滞在して、そこで働いてカネを稼ぎ、いったん帰国して1カ月ほどキューバにいて、またアメリカに出稼ぎにいく。手に職があるので、それほど過酷な労働条件にさらされないという。

僕は、それ以外にふたつの出稼ぎのケースを思い出す。ハバナのサントスワレス地区に住み、タクシーの運転手をしているアーノルドは、いま53歳だ。数年前に弟が単身でフロリダに出稼ぎにいった。最初、マイアミに行ったが、その町でカストロ体制のキューバへの反感、経済難民への冷たい視線を感じて、さらに北の都市へ行き、そこのタイヤ工場で働いた。休むことなく働いたが、暮らしはちっとも上向かなかった。

アーノルドは、「上向く」という意味で「プログレソ」という単語を使った。英語で言えば「プログレス」。進歩、発展、向上という意味である。確かに、月給が約20ドル（約2千5百円）のキューバより、ずっと稼ぎはある。だが、衣食住にかかる費用も想像以上だった。休みの日もキューバにいるときみたいに、のんびりできなかった。おまけに、健康保険に入っていないので、病気はできない、怪我もできない。そうした緊張感で、まるで仕事やカネの奴隷になった気分だった。それで、弟は3年ほどでそんな暮らしに見切りをつけて、貯めたカネを持ってキューバに帰国した。いまは兄のアーノルドがそのカネの一部で'57年型のシボレーを買い、タクシー運転手をやって、弟の家族をふくめ、一家を支えている。贅沢はできないが、ほどほどの稼ぎはある。弟には孫もできて、いまは幸せだ。

ハバナ湾の対岸の街グアナバコアに住むオダリスは、30代半ばの白人女性だ。母親の家に、夫と生まれたばかりの息子と同居している。数年前に、彼女はマイアミでひと稼ぎしようとキューバを離れた。もちろん、表向きの名目は親族への訪問である。マイアミではホテルのメイドをした。しかし、毎日、同じ肉体労働の繰り返しで、うんざりした。カネも思ったほど儲からなかった。それで3カ月の滞在期限が切れると、キューバに戻ってきた。アメリカに不法滞在するのは意味がないと思ったからだ。稼いだカネを元手に、ときどきメキシコやベネズエラに行って、安い女性服を仕入れてきて、それを転売している。もはやアメリカに出稼ぎに行く気はない。(1)

大使館の向かい側で写真を撮っていると、ある家族がゲートの回転ドアから勢いよく出てきた。中年の両親と中学生ぐらいの息子が2人、白人の家族である。道路を渡ってきた彼らに、フェリシダデス（おめでとうございます）と声をかけると、両親は破顔一笑した。マイアミですか？　と訊くと、デンバーだと言って、また笑う。

冬は雪に覆われるロッキー山脈の山腹の都市だ。標高は1600メートルもある。何でまたそんな寒いところへ？　と失礼な質問をすると、夫の弟がいるので、そこへ家族で移住するのです、と嬉しそうに母親が答える。僕が息子のひとりに、英語はできるの？　と訊くと、全然できません、と笑う。これから勉強します。でも、スキーができるね、とふたりの息子に言うと、彼らは微妙な顔をした。

デンバーは人口63万人の大都市だからそんなことはあり得ないだろうが、数年後に、彼らにあちらで偶然出会ったら、ぜひ話を聞いてみたいものだ、とそのとき思ったのだった。

(1) ここでは、米国に出稼ぎに行ってキューバに戻ってきた人たちの話を収録しているので、アメリカ生活にポジティヴな感想はあまりない。キューバから米国に移民した人の話は、牛田千鶴氏の論文(『アメリカのヒスパニック=ラティーノ社会を知るための55章』(明石書店)所収)や、四方田犬彦氏の『ニューヨークより不思議』(河出文庫)の第二部などに詳しい。

革命後のキューバから米国への移民の流れ

第 1 波:1959 年 1 月〜 1962 年 10 月(4 年間弱)

富裕層・中間層の政治亡命。24 万 5 千人。

白人が 98%

第 2 波:1965 年〜 73 年 4 月(7 年半)

29 万 7 千人。
マタンサス州カマリオカ漁港の開放。
'66 年 11 月:米国 1 年以上の滞在者に永住権(キューバ人調整法)

第 3 波:1980 年 4 月から 5 カ月

カーター政権による受け入れ。12 カ 5 千人。
キューバ政府、マリエル港からの出港を許可。
4 割が黒人。7 割が男性で独身。
中に 2 万人の犯罪者や精神異常者も。

第 4 波:1990 年〜 94 年 9 月(約 4 年 9 カ月)

特別期間(経済不況)。
筏やボートに乗った難民 32 万 2 千人。

(牛田千鶴「在米キューバ系移民社会の発展とバイリンガリム——フロリダ州マイアミ・デイド郡を事例として」『ラテンアメリカの諸相と展望』(行路社、2004 年)p.116-144 を参考に作成)

アメリカ大使館の前には強烈な日射しを浴びて人々の長い行列ができている。

急速に変化する通信事情

Rápido cambio en la situación de las telecomunicaciones

いま、確実に変化していることがある。ネット事情である。

少し前までは、限られたエリートしかインターネットにアクセスできなかった。しかも、電話回線を使っていたので、すごくのろかった。

ADSLや光ファイバーが導入されるまでは、日本だって電話回線を使ってネットに入っていたのだが、その時代に戻った感じである。

と同時に、ここ数年のあいだに、携帯電話が普及していた。アメリカやヨーロッパで使われなくなった旧世代の携帯やスマホを手に入れた若者が、イアフォンで音楽を聴いたり、路上でメールをしたりする光景は、ハバナでは当たり前になっていた。だが、それはあくまで携帯電話の回線を使ってのものだった。

2015年の7月から、キューバ政府も思い切った手を打った。ハバナの各地域の公園でWi-Fi（無線LAN）を利用できるようにしたのだ。全国的には、そうした場所は35カ所あるらしい。人々は「エテクサ」（キューバ電信電話公社）で、2兌換ペソで1時間有効のカードを買う。カードの裏には、それぞれ8桁のIDとパスワードがしるしてある。30日間有効である。

旧市街の「中央公園」から歩いて5分ほどにある、セントロ地区のサン・ミゲール公園には木が生い茂り、週末には衣類を扱う露店が出て大勢の人でにぎわう。平日の昼間には、人々が木陰の下のベンチに腰をおろし、スマホでネットサーフィンに興じている。木や壁にもたれてタブレットをいじっている人もいる。ノートパソコンを膝の上に乗せている人もいるが、それは少数派である。

キューバでは、国家による情報統制がおこなわれている。新聞も政府公認のものしかない。新聞は、建前というか政府に都合のよいことしか言わない。下々の市民には、本当のところは分からない。だが、Wi-Fiの導入によって、市民はいろいろな情報を手に入れることができるようになった。

いま、公園でWi-Fiを利用しているほとんどの人が、遠距離にいる知り合いや家族とチャットをするか、「スカイプ」に似た「MONO（モノ）」と呼ばれるアプリを使って無料のテレビ電話をやっているようだ。

だが、その気になれば、世界の政治経済、ファッション、スポーツなど、知りたい情報はいくらでも取ることができる。これは、キューバ政府が怖れることではないだろう。というのも、テレビ放送では、海外のニュースばかりを流す専門チャンネルがあり、国民が世界の動向に疎くなるということはないからだ。

むしろ、足りないのは、国内の動向に対する報道のほうだ。統制されているのはこちらのほうの情報だ。

これまで政府は新聞やラジオ、テレビという古典的なメディアを使って、国民を啓蒙してきた。いわば、上から下への垂直的な情報の流れである。しかし、携帯やタブレット、パソコンといった新しいメディアは、その流れを水平に変える。それらのツールを使えば、誰でも発信することができるからだ。

これからは、それまで受け手でしかなかった市民が身近な情報や自分の意見を発信し、双方向的でやり取りをし始めるだろう。キューバは、いうまでもなく共産党独裁の政治体制を取っている。中国で市民のデモがツイッターから始まったように、不満分子のツイッターが反政府デモを誘発することもある。キューバ政府が怖れるのは、2015年1月に釈放したばかりの少数派の「政治犯」たちが、アメリカの支援を受けておこなう煽動活動ではないだろうか。

スマホやタブレットをいじるハバナの若者たち。数年前には想像もできなかった光景だ。

どうなるキューバの二重通貨制

Los problemas de la doble moneda

キューバ国民は、ふたつの貨幣を使いこなしている。

基本的には、人民ペソで買い物をする。1ペソ（独立時の英雄ホセ・マルティの顔が刻まれた紙幣と硬貨）や3ペソ（チェ・ゲバラの顔が刻まれた硬貨）のほか、10ペソ、20ペソ、50ペソ、100ペソの紙幣があり、公営の商店や公営バスのほか、民営の野菜市場、民営の乗り合いタクシーなどで使う。

そうした人民ペソの店のほかに、1993年から2004年までは「ドルショップ」と呼ばれる、主に外国人観光客向けの国営店があり、そこではアメリカドルを使っていた。いま、その店ではCUC（セウセ）と呼ばれる兌換《だかん》ペソで取引がおこなわれている。いわば、二重通貨制の世界だ。市民は国営の換金所《カデカ》で、人民ペソと兌換ペソを交換し、巧みにふたつの貨幣を使いこなす。

日本の観光客は、換金所で自国の通貨（たとえば、円）を兌換ペソに換金する。世界の為替レート（対ドル）と連動していて、円高だと兌換ペソの取り分が多いが、円安になると少なくなる。観光客は、基本的に兌換ペソの店で買い物をするので、経済格差を利用した、いわゆる「第三世界」での搾取をそれほど楽しむことができない。

それはともかく、キューバ市民は配給制で基本的な食料を手に入れる。それで足りない分（パン、卵、肉、チーズ、石鹸、衣料品など）を人民ペソの店から買い、さらに贅沢品（シャンプー、化粧品、電化製品、ブランドの靴や服）を公営の兌換ペソの店で手に入れる。

キューバ市民の平均的な月給は、500人民ペソ（約2千500円）ぐらいである。人民ペソの店での買い物は、日本人からすれば、ひどく安く感じられる一方、兌換ペソの店の買い物は日本の店と変わらない印象だ。キューバ人からすれば、どうだろうか。

たとえば、卵は1個1.1人民ペソ（5.5円）である。1日1個食べると計算すると、1カ月で33〜34人民ペソ（165〜170円）になる。その金額だけを日本人が見ると、とてつもなく「安い」と感じるかもしれない。だが、収入に占めるその割合を計算してみると、それは平均月給の6.6パーセントぐらいに当たる。いま月収が34万円の日本人がいるとして、その月収の6.6パーセントは、約2万2千円である。1カ月の卵代にそれだけかかったら、発狂するのではないだろうか。(1)

兌換ペソの店で売っている商品は、おそろしく高く映る。挽いたコーヒー豆を真空パックの袋詰めにしてある「カフェ・クビータ」は、230グラムで3.2兌換ペソ（413円）もする。スターバックスのコーヒー豆よりは安いが、これだけでキューバ人の月収の16パーセントが消えてしまう計算だ。まして、闇市で小エビを買うとなると、1キロで10兌換ペソ（1290円）である。それは月収の半分に当たる。

とはいえ、キューバ人も、公営の兌換ペソの店で、けっこう買い物をしている。見ていると、バラ売りのキャラメル数個とか、料理用のパウダーとかトマトピューレとか国産ビールとか「プランチャオ」と呼ばれるラム酒の小箱とか、せいぜい1兌換ペソ以内の買い物が多いのだが……。

(1) 2015年8月15日の為替レートで、129円→1兌換ペソ、1兌換ペソ→24人民ペソで計算。また、「国税局　平成23年分民間給与実態統計調査結果について」によると、日本人（男女）の平均給与は409万円。それを12カ月で単純に割って月収に換算すると34万円となる。

ふたつのペソの値段比較表

人民ペソの店

教育（小学校～大学）	無料
公営病院	無料
公営墓地での埋葬	無料
米 450g（配給）	0.9 ペソ（4.5 円）
白砂糖 450g（配給）	0.15 ペソ (0.75 円)
電気代（1 カ月）	5 ～ 7 ペソ（25 ～ 35 円）
丸パン	1 ペソ（5 円）
卵 10 個	11 ペソ（55 円）
映画館（入場料）	2 ペソ (10 円)
プロ野球（入場料）	1 ペソ（5 円）
公営バス代	0.5 ～ 1 ペソ（2.5 ～ 5 円）
国産タバコ（「ポルラール」）	7 ペソ（35 円）
ラム酒 700ml（「ロンダ」）	60 ペソ (300 円)
豚肉 450kg（背肉）	35 ペソ（175 円）
民営のピザ（チーズとハム入り）	20 ペソ（100 円）
乗り合いタクシー（ひとり）	10 ～ 20 ペソ（50 ～ 100 円）

兌換ペソの店（闇市も含む）

ヨーグルト 4 個パック	1.8 ～ 2.4 兌換ペソ(232 ～ 310 円)
冷凍チキン（胸肉 1kg）	3.5 兌換ペソ（451 円）
ゴーダチーズ (1kg)	8.1 兌換ペソ(1,044 円)
スパゲッティ（国産 400g）	0.85 兌換ペソ(110 円)
コーヒー豆（「クビータ」230g）	3.20 兌換ペソ（413 円）
国産ビール(「クリスタル」)	1 兌換ペソ（129 円）
外国産ビール（「ハイネケン」）	1.90 兌換ペソ(245 円)
ラム酒 700ml（「ハバナクラブ」）	3.80 兌換ペソ（490 円）
国産シャンプー 500ml	1.95 兌換ペソ（251 円）
外国製スニーカー（「ナイキ」）	100 兌換ペソ(12,900 円)
外国製電動バリカン（Dayton）	31.50 兌換ペソ（4,064 円）
国営タクシー（市内）	5～10 兌換ペソ(645 ～ 1,290 円)
国営タクシー（ハバナ空港から市内へ）	20～25 兌換ペソ(2,580 ～ 3,225 円)
闇市の小エビ 1kg	10 兌換ペソ（1,290 円）
漁師の釣ったばかりの真鯛（大 1 匹）	7 兌換ペソ(903 円)

＊ 2015 年 8 月 14 日の為替レート、
129 円→ 1 兌換ペソ（兌換ペソ）、1 兌換ペソ→ 24 人民ペソで計算）

のんびり客待をちする自転車タクシー。ハバナの旧市街ではあちこちにみられる。

花ざかりの「もぐり」ビジネス

Comercios clandestinos activos

キューバ人の友人たちは、配給物資だけでは足りないと言う。だから、人民ペソや兌換《だかん》ペソを使って不足している品物を買い足して、いろいろとやり繰りをしている。

だが、月給だけではきついはずだ。キューバ市民の平均的な月給は、500人民ペソ（2580円）ぐらいだという。先の値段比較表に挙げた商品を手に入れるには、どう見ても圧倒的にお金が足らない。きっと何かほかに収入源があるに違いない。

2013年の冬あたりから個人ビジネスが目立ってきた。よく目にするのはパラドールと呼ばれる食堂や立ち食いのカフェテリア、音楽や映画をコピーしたCDやDVDを売る店、床屋、黒人宗教グッズの店だった。

2015年の夏は、さらに業種が増えていた。ハバナの街は、役所に登録して正式にやるにせよ、もぐりでやるにせよ、これまで抑えつけられてきた商売への意欲に満ちている。一気にビジネスチャンス到来というわけだ。

商売はスペイン語で「ネゴシオ」と言うが、誰もが「ネゴシオ」の方法を模索している。もちろん、女性も例外ではない。むしろ、女性のほうが熱心かもしれない。

女性の商売と言えば、伝統的に外国人観光客相手の民宿や、カフェテリア、小さい食堂の経営などだったが、いまではサンダルや靴、女性服やアクセサリーの仕入れと販売、マニキュア師やペディキュア師、美容師、美容植毛師など、それぞれの能力や資金に応じて多様化している。

実入りも税金も高い民宿経営と違って、これらの女性ビジネスは、「もぐり」のほうが多いかもしれない。資金も少なく、収入も1件につき、2～5兌換ペソ（258～645円）と比較的少額だから。面白いのは、長髪の女性が自分の髪を切ってもらい、それを美容師に売る手もあるということだ。美容師が美容植毛のために使っている外国産の髪は化学繊維なので、本物が好まれるのだという。

もちろん、元手のない女性にとって古典的な商売と言えば、売春だ。ヒネテラと呼ばれる売春婦は、プロも素人もいるが、観光客相手に20兌換ペソ（2580円）が相場だという。こちらは外国人向けのホテルの入口にたむろして声をかけられるのを待つか、ナイトクラブで観光客を挑発したり誘惑したりする。

だいぶ昔のことだが、イギリス作家のグレアム・グリーンは1957年から1966年まで6度もキューバに滞在したという。なぜそれほどキューバに引きつけられたのか？　という質問に、グリーンはこう率直に答えている。

「淫売屋だよ。わたしは淫売屋に行くのが好きだった。好きなだけ麻薬を、好きなだけ何でも手

に入れられるという考えが好きだったのだ」(1)

一方、1979年にアメリカに亡命したキューバ作家は、革命後のハバナを次のように評する。「かつて観光客や娼婦たちはハバナのことをカリブのパリと呼んでいたのに、もはやそうは見えない。今はむしろ、テグシガルパやサンサルバドルやマナグアといった中米の国の首都、生気のない低開発の都市のひとつのようだ」(2)

男性の場合、伝統的に'50年代のアメリカ車を所有してタクシーの運転手や、自動車やパンクの修理、盗んだ商品（ラム酒や葉巻）の転売、野菜や果物やパンなどの「物売り」などが多かったが、いまは、Ｗｉ－Ｆｉカードの転売、海賊版のＤＶＤやＣＤの販売、白タクなど、こちらも能力と資金に応じて多様化している。Ｗｉ－Ｆｉカードの転売の場合、1枚につき1兌換ペソ（129円）上乗せして客に売る。または、客を大勢一ヶ所に集めて、ひとりにつき1兌換ペソずつ徴収して、同じカードのＩＤとパスワードで一斉に有効時間いっぱいネットサーフィンさせる新手の商売も現われた。もちろん、これは違法であるが、人間はいろいろなことを思いつくものだ。

ハバナでも、サンティアゴでも、物売りが住宅街にやってくる。スーパーやコンビニが発達したおかげで、日本ではずっと昔に姿を消してしまった風景であるが、僕の子供の頃は、納豆売りや豆腐売りなどが街をにぎわしていた。男が大きなバケツを提げて、「アボガドに、タマネギに、マンゴー！」と、よく通る声で歌うように叫びながら歩いていく。ピー、ピー、と警官の呼笛みたいにけたたましい音を立てるのは、パン売りだ。調子はずれの童謡のメロディを途切れなく鳴らしているのは、アリスクリームキャンディ売り。

一軒家とかマンションの1階に住んでいる人はいいが、2階以上に住んでいる人はわざわざそのためだけに下に降りていくのはつらい。ほとんどの建物にはエレベータなどついていないから。そこで、物売りをいったん呼び止めてから、ベランダから紐に吊るしたカゴとかビニール袋を降ろして買う。当然ながら、物売りの取り分を数ペソ上乗せしているため、品物は店で買うよりちょっとだけ高い。それでも、わざわざ遠くまで買いに行く手間がはぶけるから、結構ニーズはある。いずれにせよ、物価が安いから、こうした商売が成り立つのだろう。

(1) グレアム・グリーン、マリ=フランソワーズ・アラン（三輪秀彦訳）『グレアム・グリーン語る』（早川書房、1983年）、90ページ。
(2) エドムンド・デスノエス（野谷文昭訳）『低開発の記憶』（白水社、2011年）、15ページ。

カルロス３世通りの夏市。野菜や果物をはじめ何でもあり、見て歩くだけでも楽しい。

お金という夢を追う

Soñar con dinero

「もぐり」とは違う正式な業種を紹介しておこう。

僕の司祭仲間のアマウリ（40歳）は、僕とはすでに6年の付き合いになるが、最近、建築関係の個人企業を興した。東部グランマ州のカンペチェ出身で、大学では建築学を学び、これまでずっと建築業界で働いてきたが、2014年、仲間12人でキューバ初の「共同企業」を創設した。だが、社長だけが取り分が多いシステムに嫌気がさして、2015年になって独立した。いまは個人企業の社長である。古くなった建物の増改築や、水道管の設備など、いくつもの契約を抱えているという。契約ごとに従業員を雇い、給与や税金を払う。年度末にも、さらに税金の支払いが待っているというが、それでも取り分は、共同企業のときより良いという。推測だが、キューバ人の平均給与の10倍近くあるかもしれない。いま、アマウリの家の台所には電子レンジをはじめ、普通の家にはない電化製品が揃い始めている。

社長とはいえ、彼はいつも夜遅くまで汗まみれになって働いている。2年半前には上司の女性に意地悪をされて、しばらく職を失っていた。だから、僕には、いまの彼の人生はバラ色に映る。

夢は何か、と訊くと、できればダイハツの小型車が欲しい、と言う。中古でも、1万8千兌換ペソ(約230万円)はする。それと、寝室にエアコンを取りつけたいし、もうひとつ冷蔵庫を買いたい、と。あくまで堅実な男である。2016年の春には、もうひとり家族が増えそうだ。

それから、もうひとり、司祭仲間のロベルト(30歳)がいる。最近、医薬品の販売から不動産業に転職した。いまは、スペインに住むキューバ人の社長のもとで、ハバナの代理店を任されている。ハバナの屋敷やアパートの売買、外国人観光客向けのルーム/ハウスのレンタルの紹介などを手がけている。

日曜日に師匠と一緒に訪ねていくと、顧客のファイルを片手に持ち、携帯電話で翌日のアポイントメントを取るのに忙しそうだった。物件はどのくらい扱っているのかと尋ねて、その答えに僕は一瞬自分の耳を疑った。彼が2千件と答えたからだ。

そんなに多いの? と言うと、ノートパソコンを鞄から出して、こっちへ来てごらんと言う。会社のホームページに載っている物件を慣れた手つきで次々と紹介してくれた。レンタル物件は、日ごとで貸すという。ウィークリー契約はないが、マンスリー契約はあるという。

売り物件にせよ、レンタル物件にせよ、ホームページの物件には、それぞれ5から10点ぐらい室内や庭や玄関の写真が載っている。

投資目的で買うヨーロッパ人も多いという。たとえば、ロベルトの家の前には、サン・ラサロという大きな通りが走っているが、その通りを挟んだ向いにある、天井の高いコロニアル式建造物の2階のふたつづきの部屋を最近、イタリア人が買い、リフォームを施したという。彼がいまそれを賃貸物件として宣伝している。ベランダに出てその物件とやらを見てみると、確かに外壁を塗り替えて、オシャレなベランダになっている。

売り物件では、ハバナで安いのだと、7千兌換ペソ（90万円）からあるという。プラヤ地区で、風呂や台所付きのワンルームだ。僕が一目で気に入ったのは、ゴージャスな石づくりの玄関があり、広い庭（というか畑にもなるし、牧場として家畜も飼える）が付いた大邸宅（敷地800㎡　寝室4つ、浴室2つ）で、値段はなんと2万5千兌換ペソ（323万円）。

ただし、住所を見ると、ハバナ市のコトロ地区とある。地図で調べてみると、ハバナ市内からだいぶ遠い。グァナバコアの隣の地区だ。自動車がないと暮らせそうにない。

日本の不動産屋だと売り手と買い手から相当の手数料をとるが、と利益の話を持ち出すと、こちらでは、買い手から1パーセント、売り手から5パーセントの手数料をもらっている、とロベルトは教えてくれる。年度末には、税金を払わねばならないが、自分たちが手がけている売値（兌換ペソ）ではなく、キューバの公定地価（人民ペソ建て）を基準にしたものなので、大した額にはならない、という。

キューバ人同士が売買する額より高い値段をつけて、外国人やキューバ人の資産家に売っているということだろう。

ロベルトは、以前、医薬品の販売をやっていた頃、中央アジアで駐在大使をしている父親を訪ねに、当地に旅したことがある。キューバでは、インテリ層に属するはずだ。天井の高い居間の壁には、メキシコで買ってきたという大型液晶テレビがかかっている。ちょうどバイエルンミュンヘンの試合をライブで映していた。奥に改築した夫婦の寝室や浴室があり、その部屋にはエアコンがついていた。奥さんが妊娠中で、1歳の長女の弟がもうすぐ誕生する予定だ。

ロベルトに夢は何か、と訊くと、どの業種は分からないが、独立して自分の会社を興すことだ、と言う。それから、トヨタのレクサスを！　と言って笑った。有能なうえに、この若さで司祭の落ち着きも備えている。その夢が叶うのも、そう遠いことではないだろう、と僕は思った。

司祭仲間でもあるアマウリの家族。個人企業を起こし、家には家電製品が揃いはじめた。

お喋りと議論の国

Charla y discusión

キューバ人は、お喋りが大好きだ。

お喋りというより、あるテーマについての議論と言ったほうがいいかもしれない。別にあらたまった会議の席ではない。ごくありふれた日常生活のひとときに、興味や信条を共にする者たちが3、4人以上集まると、この手の議論が始まるのである。

内容は政治やスポーツ、芸術、宗教、コンピューターのこと、なんでもござれだが、あちこちの話題に飛んだりしない。ひとつのテーマについて、休みなく2、3時間やりつづける。自分の主張を声の大きさやセンチメンタルな泣き言ではなく、深い蘊蓄《うんちく》を傾けながら訴える。

日本では初等教育から高等教育まで、「ディベート（討論）」という科目がないため、こうした論理的な思考の訓練はおこなわれない。

そのため、一般的に言って、日本人は情緒に訴えることは得意でも、議論は苦手だ。しかも、日本文化の中には理路整然としたモノの言い方を嫌う風潮がある。論理的な思考に付いていけない者は、それを「屁理屈」や、世間知らずの「学者の物言い」として退けがちだ。往々にしてそうした非理知主義は国粋主義的な思想に結びつきやすい。愛国主義に理由や理屈など、いらないからだ。

それに対して、キューバ人は理屈が大好きだ。たとえば、1959年にキューバ革命を成し遂げた革命軍の指導者、フィデル・カストロは、ハバナの革命広場に集まった群衆の前で、数時間に及ぶ演説をおこなったという。

19世紀末のスペインからの独立の際に、アメリカの介入を許し、20世紀はアメリカの属国としての位置を余儀なくされた。アメリカの大企業が進出し、経済的には潤ったが、貧富の差、人種差別、女性差別、教育の不均衡など、癒しがたい社会問題を抱えていた。それを正すための革命だった。そうカストロは革命の意義と正当性を訴えた。

政治家の演説として、その長さは有名で、党大会で10時間にも及ぶ演説をおこなったり、国連でもダントツの長演説をおこなっている。

キューバの集会で原稿を見ないで演説するカストロも偉いが、ずっと立ったままで聴いている聴衆はもっと偉い。よくも飽きずに聴いていられるものだ。

カストロが討論を得意とするのは、驚くに値しない。大学時代に法律を学び、弁護士をめざしたカストロは、1953年にモンカダ砦（サンティアゴの国軍基地）襲撃に失敗して逮捕されたとき、法廷で、弁護士として自分自身の弁護をおこない、無罪を勝ち取っている。論理立てて議論を進めるだけでなく、必ず歴史的事実と統計的数字を持ち出す、その頭脳の明晰さと記憶力のよさには舌を巻く。

だが、それはひとりカストロだけの能力ではなさそうだ。

ハバナの中央公園に行けば、「エスキーナ・カリエンテ（ホットコーナー）」と呼ばれる一角で、プロ野球に関して何時間も口角泡を飛ばして議論している人たちがいる。さながら野球百科事典のような人たちが、持っている知識を最大限に活用して、互いに反対意見の人を論破しようとする。

だから、キューバ人と議論するには、よほどの勇気と準備がいる。キューバとの国交を回復したアメリカの外交官たちは、そのことを思い知るだろう。

お喋りが始まると止まらないキューバ人。あちこちで白熱した議論が繰り広げられている。

ドル箱の有名外国人

Los extranjeros famosos como recurso turístico

ベルリンの壁の崩壊は、カリブ海にまで及んだ。ソ連が崩壊し、冷戦構造が終焉を迎えたとき、キューバは窮地に陥った。それまでキューバの産業と言えば、製糖業が突出していた。しかも、ソ連が砂糖を世界の価格の数倍で買ってくれていたので、そうした保護がなくなると、当然ながら、砂糖による国家収入は激減する。赤字に転落した会社よろしく、緊縮策やリストラを余儀なくされる。食料もガソリンも不足し、公共交通のバスも激減する。政府が「特別期間」と名付け、国民に理解を求めた'90年代初頭の出来事だ。

その後、主要な産業は製糖業から観光業へとシフトする。常夏のビーチを売りものにして、カナダやヨーロッパの国々から観光客を呼び寄せる。ハバナから2時間程度で行けるバラデロの美しいリゾートビーチには、外国資本の立派なホテルが建ち並ぶ。中部シエゴ・デ・アビラからほど近いココ島にも高級リゾートホテルが点在する。

外国からの観光客は、ビーチでのんびり過ごすのが目的だが、灼熱の太陽の下にいるだけでは退屈だ。文化的な施設も訪れたいと思う。そんなときに活躍するのが、外国の文化人たちだ。

チェ・ゲバラ、ヘミングウェイ、ジョン・レノンが「ビッグ3」だ。いうまでもなく、ゲバラはアルゼンチン人ながら、唯一外国人としてカストロの指揮する革命軍に加わり、'60～'70年代には若者のアイドルだった。中部のサンタクララ市にある革命広場の前に立つゲバラ像をはじめ、ハバナ湾の対岸、カバーニャの高台にあるゲバラ記念館など、ゲバラの勇姿に惹かれてキューバを訪れる人も多い。

ヘミングウェイは、晩年、ハバナの繁華街にあるホテル・アンボスムンドスや、ハバナから30分ほど行ったサンフランシスコ・パウラの屋敷フィンカ・ビヒアに暮らし、『老人と海』をはじめ、キューバを舞台にした小説を書いた。ハバナのオビスポ通りにあるバー〈フロリディータ〉では、観光客が「ブエナビスタ」みたいな楽団の生演奏を聴きながら、作家のお気に入りだったフローズン・ダイキリをカクテルグラスで飲んでいる。

かつて革命政府は、欧米の資本主義社会の流行ファッションや音楽を「堕落」と見なした。'60年代以降、ビートルズの音楽を聞いたり髪をながく伸ばしたりすることは、風紀を乱す「犯罪」であった。「革命防衛委員会」という民間組織が、隣近所で目を光らせていて怪しい者を警察に通報した。「キューバ共産主義青年同盟」のメンバーも、反体制の動きに躍起となっていた。

米国側も、在米キューバ人の支援を受けたCIAがたびたびスパイを送り込んで、カストロの暗殺や共産主義政府の打倒を計ったりした。未遂に終わったカストロの暗殺計画は、638回だとも言われている。(1)

いまや、時代は変わり、ゲバラやヘミングウェイと並んで、ジョン・レノンもキューバのすぐれた観光資源である。２０００年にレノンの没後20周年を記念して、政府がベダド地区の公園に、鉄製のベンチを作り、そこにジョン・レノンの等身大の像をすわらせた。その頃から、ジョン・レノンは、キューバ政府によって公式に反戦、反米のヒーローとして見なされるようになったようだ。

外国人観光客がその公園を訪れ、ジョン・レノンと記念写真を撮っている。警備をしている人以外に、キューバ人はいない。その辺に、政府と庶民とのあいだに微妙な意識のずれがあるのを感じる。

レノン公園には興味がなくても、レノンの反戦歌「イマジン」は、英語を習いたいキューバの若者たちに人気がある。ボーダーレスの世界を志向するその歌詞を愛する彼らの心は、政府の思惑に反して「親米」に傾くかもしれない。それは必ずしも「反キューバ」的な姿勢ではないのだが、キューバ政府がどれほど寛容になれるだろうか。

(1)「カストロ氏ギネスに――50年で６３８回命狙われた」『東京新聞』２０１１年12月17日朝刊。

ヘミングウェイの銅像がある「フロリディータ」。こちらも外国人観光客に人気だ。

海外放送とパッケージ

Televisora extranjera y paquete

キューバでは、新聞やテレビなど、政府や共産党による情報統制がおこなわれている。とはいえ、エンターテーメントやスポーツの分野では、強力な情報源がある。たとえば、数年前からハバナの街のいたるところで、海賊版の音楽や映画のコピー商品を売る店が見られるようになった。店というより家のガレージを改造したスペースに、商品を載せる棚を置いただけの簡易な作りである。ひょっとしたら、どこかに「問屋」があって、そこから商品を「卸してきた」だけかもしれない。そうならば、「店主」は1枚につき何パーセントかのマージンをもらっているのだろう。売値は、たいてい1枚で25人民ペソ（130円）である。映画は、ハリウッドや香港で作られた冒険スペクタルやバイオレンスものが人気だ。あとは子ども向けのアニメ。音楽CDで多いのは、レゲトンと呼ばれるダンス音楽で、キューバ人は家でも車の中でも大音量でかける。その他には、スペイン語のポピュラー音楽が人気である。

格安の「パケテ」（パッケージという意味のスペイン語）もあって、こちらはUSBメモリーを持っていくと、マイアミで放送されているテレビ番組や、映画、音楽など、150を越すコンテンツを

「パッケージ」で、コピーしてくれるサービス。1回50人民ペソ（260円）。日本人の感覚からすれば、この値段は相当安いのだが、それでも、キューバ人からすれば、およそ月給の1割にあたる。

さらに、最近、国営放送の2チャンネル「テレベルデ」は、スポーツ専門チャンネルにシフトして、一日中、世界のスポーツを実況している。リーガ・エスパニョーラ（スペイン）、ブンデス・リーガ（ドイツ）、セリアA（イタリア）など、ヨーロッパのプロサッカーはもちろん、日本のプロ野球、世界陸上、世界水泳など、そのときどきの世界大会をライブで流す。これは衛星放送ではなく、無料の地上放送である。

2015年夏は、中国北京で開かれた陸上の世界大会を連日ライブで放送した。ちょうど時差は12時間なので、夜の400メートルリレーなど、ちょうど朝に見られた。9月初めの日曜日には、午後にイングランドのプレミアリーグのマンチェスター・ユナイテッドの試合、アメリカの女子プロバスケット、テキサスオースティンでのモトクロス、夜にはメジャーリーグの野球、ボストン・レッドソックス対ニューヨーク・ヤンキース戦が放送された。

だから、こうしたエンタメ・スポーツ分野で、庶民が世界に遅れをとるということはない。むしろ、キューバ人は好奇心旺盛で、世界の情勢は貪欲に取り入れる。日本文化を紹介するNHKの短篇映画がスペイン語で毎日流れ、ハバナではBONSAI（盆栽）やGO（囲碁）がブームである。

それに対して、国内情勢に関しては、情報統制が厳しく、政府のプロパガンダ的な放送や記事がほとんどで、体制に批判的な意見や情報は出てこない。だから、今後は、スマホやタブレットなど、情報端末装置が外から国内情報を拾い、国外に情報を流すようになるだろう。すでに「キューバネット」をはじめ、ネットでオールタナティヴな記事（スペイン語と英語）が流れている。

オバマ政権は、アメリカの民主主義を喧伝して、「キューバの人権侵害」を問題視する。しかし、キューバとしては、少数の富める者が権益の保持に走り、人種差別もあるきみの国がまず身を正したまえ、と言いたいのかもしれない。

急ピッチで改装が進む国会議事堂《カピトーリオ》。この国の進む道はここで決められる。

columna
隣人の国にて
@メキシコ

4

愚者か、賢者か

シェイクスピアの戯曲は、逆説的な表現の宝庫だ。

たとえば、『お気に召すまま』の中に、賢者と愚者をめぐる逆説が出てくる。

「愚か者は、自分が賢いとうぬぼれる。だが、賢者は、自分が愚か者であるのを知っている」

あるとき、カリフォルニア州のサンディエゴ市でレンタカーを借りて、国境の南のティファナの先まで出かけたことがある。

税関を難なく通過してメキシコに入ると、舗装の行き届いた国道1号線を飛ばす。

初めてメキシコで運転するが、なんの問題もない。

打ち合わせ通りに、小さなリゾード地のロサリトで、アメリカ人の友達たちに合流し、そこから2台で近くの漁村へと向かった。

漁村には、食堂が何軒かあり、そのうちのひとつに入った。食堂の1階には、水族館みたいに大きな水槽があった。僕たちの目当てはロブスターであった。

屋上に昇り、強烈な陽ざしをよけて、パラソルのある席につくと、トルティーヤチップをつまみに、ドイツ人移民が醸造の技術をもたらしたというメキシコビールを飲んだ。

そのうち、茹でたロブスターが運ばれてくる。ナイフでひと口大に切り、刻んだレタスやご飯や豆などと一緒に、トルティーヤに包んで食べる。辛いサルサソースをかけると食が進む。ビールもうまい。

食事を終えると、そこからさらに南へと旅する友達を見送り、僕はサンディエゴへの帰路に就いた。

やがて巨大な国境のフェンスと、その向こうに雑草の生い茂る土手が見えてくる頃、道は直線で1キロくらいつづく、一方通行の下り坂になった。そこを快調に突っ走り、カーブを曲がって入国審査の税関に向かうランプに入りかけたときだった。白バイがサイレンを鳴らしながら追跡してきた。

革ジャケットにサングラスをかけて、いかにも屈強そうな警官だった。

警官は、免許証を見せるように言った。僕はカリフォルニア州の免許証を手渡した。そのとき、まずいことに更新の時期を迎えていた。僕はこの場であなたに払いたい、と言った。

警官は、ワイロを受けとる素振りも見せず、僕に向かってスピード違反である旨の説明をひと通りした。

そのあと、なぜか世間話を始めた。そのとき僕の財布には20ドルと100ドルの2枚しか入っていなかった。ケチ臭いことに、僕は運転席から20ドル紙幣をちらっと見せた。すると、警官はぷいっと横を向いた。

もし警察署に出向いたら、いくら払うことになるのか。僕がそう聞くと、70ドルという返事が返ってきた。

仕方ない。持ってけぇ、泥棒！　今度は100ドル紙幣をちらっと見せた。

すると、これから免許証を返すから、その下にそいつを隠して、もう1度こちらに免許証を差し出せ、ときた。

さすがプロである。どこで誰が見ているか分からないからだ。

僕から金を受け取ると、白バイ警官は免許証を返しながら、「ノー・レコード（罰則記録なし）」と言って、立ち去った。

僕はこんなことをしでかす自分のことを愚か者だと知っているが、シェイクスピアの逆説は、当てはまらないと思う。ただの愚か者だ。

ただ、ときどき、あのときの出来事を思い出し、ふと思うことがある。ひょっとして、あの警官は芝居のうまいニセ者じゃなかったのか、と。

終章

遠くキューバから

紫の桜

Jacaranda

ハバナに住んでいる日系人2世の女性の話を聞くために、ベダド地区を訪れた。

大通りを歩いていくと、歩道に桜に似た、淡い桃色の花をつけた木が植わっているではないか。

通行人を呼びとめて、その名を尋ねると、ハカランダだという。

近づいてみると、花びらは桜よりも大きく、白っぽい色をしている。形は、桐の花のようにラッパ状だ。

花びらは何かの拍子に、まるで精魂尽き果てたかのように、ぽとっと落下する。

ハカランダのつづりは、jacaranda。英語読みすれば、ジャカランダ。

中南米の原産で、花びらは通常、青紫色をしているという。1月下旬から2月上旬にかけて咲き始め、5月下旬ごろまで、長く咲いている。その頃、キューバでは雨が少なく青空をバックによく映える。

だが、木から落ちた花びらは、ぴたっと路面に貼りつく。そこだけが花を敷き詰めた絨毯に見える。

だから、はらはらと舞い散る日本の桜がこの世の儚《はかな》さを連想させるのに対して、キューバのハカランダは、この世とあの世をつなぐ「道」を思わせる。

ハワイでは、日系人たちがジャカランダの木を「ハワイ桜」とか「紫の桜」と呼んで、毎年、桜の季節になると、その木の下で祖国を偲《しの》んだらしい。

忘れてしまえることは忘れてしまえ
忘れきれないものばかり
桜のもとに横たわれ
抱きしめて　眠らせて
彼岸へ帰せ

中島みゆきの「紫の桜」の冒頭だ。忘れることのできない出来事を、死んだ者たちの怨念や恨みごとを、紫の桜に記憶してもらうというわけだ。

ところで、ハバナの日系2世の女性は、すでに70歳を越えていた。1926年に、父が熊本の菊池郡旭志《きょくし》村（現・菊池市旭志）からやってきたという。遅れて、母も熊本からやってきた。

たかだか90年ほど前のことだが、日本は貧しかった。海外へ出稼ぎに出たり、移住しなければならない人たちも大勢いた。

1924年に、米国は、東欧や南欧やアジアからの移民を禁じる「移民法」を施行した。もしそれがなかったら、彼女の両親はカリフォルニアで暮らしていたかもしれない。とすれば、太平洋戦争のときに、敵国人として、家族ぐるみで強制収容所に入れられていただろう。

キューバでは、日本人は18歳以上の男性のみ、現在、「青年の島」と呼ばれている離島の刑務所に強制収容された。

それはイギリスの哲学者ベンサムが考案した〝パノプティコン（全展望監視システム）〟を採用した巨大な建物である。管理者からすれば、効率のよいものだが、収容された者からすれば、すべて丸見えの非人道的なものだった。

いずれにせよ、戦争によって、海外で暮らしていた日本人や日系人は忘れることのできない出来事を経験してきた。

中島みゆきの歌はこう締めくくる。

桜　桜　果てしなく前に
桜　桜　見たものを話せ

私たちは「紫の桜」の話に、死者たちの声に耳を傾ける必要がある。

ハカランダの木（ハバナのベダド地区）。この「紫の桜」は私たちに何を語りかけているのだろうか。

遠くて近い、近くて遠いキューバ
――あとがきに代えて

首都ハバナに日本人のサムライの立派な立像が建っている。

ハバナの目抜き通りともいうべきプラド通りを海に向かって歩いていく。よく映像に出てくる海岸通りにぶつかったら、右手に折れる。そこからしばらく歩くと、片手を斜め上に、北西の方角に向けたサムライの像が見えてくる。碑文を見ると、伊達藩の支倉常長《はせくらつねなが》とある。像は、仙台の学校法人が2001年に寄贈したらしい。

慶長18年（1613年）に、支倉常長は、藩主伊達政宗の命を受け、180余名を引き連れてバチカンの法王の謁見に赴いた。メキシコとの通商のお墨付きがほしかったとの説もある。まず太平洋を横断し、3カ月後にメキシコに上陸した。その次に寄ったのがカリブ海のキューバだった。もちろん、その頃は船旅だったので、牡鹿半島の月ノ浦港からハバナまで4カ月以上かかった。メキシコでの旅と滞在の時間を加えると、9カ月かかった。日本とキューバは、距離にして約1万2千キロ。ずいぶんと遠い印象を受けるかもしれない。いま飛行機でいけば、乗り継ぎ時間を除いて、16時間半ぐらいだ。確かに旅の時間は大幅に短縮されたが、果たして、私たちの中にある心理的距離は短縮されただろうか。依然として、キューバは遠い国というイメージがあるのではないだろうか。

日本とキューバの交流史は、ちょうど400年前の支倉常長一行の2週間ほどのハバナ滞在から始まり、20世紀初頭に政府の殖民政策で大勢の日本人がキューバに移住したり、明治時代に「歩く百科事典」の異名をとる博物学者の南方熊楠《みなかたくまぐす》がサーカス団の巡業についてまわりながらキューバやカリブ海の島々で植物採集をしたり、昭和の初め、画家の藤田嗣治《つぐはる》が長期にわたる中南米旅行の最中にキューバに寄ったり、第二次大戦中には日本人の青年男子が巨大な強制収容所に入れられたり、特に、柔道の分野に見られるように、日本人指導者がキューバのスポーツ界に寄与したり、革命以降には日本で作られた映画やテレビドラマが大々的に放映されたり、歌手のアントニオ古賀がピアノをキューバの学校に寄付するという慈善行為をおこなったり……。あまり知られていないところで、実のところ、日本はキューバと関わり合いを持ってきた。経済分野で言えば、二国間の貿易は、米国の経済制裁のせいで停滞ぎみだ。それぞれ70兆円近い日本の輸出入の中では微々たるものだが、日本はキューバに電気機器、一般機械、精密機器など42億円の輸出をおこない、逆にキューバからは、たばこや魚介類、コーヒーなど20億円の輸入をおこなっている（2014年財務省統計）。しかし、今後、キューバと米国との国交回復により、経済制裁解除が見えてくれば、この数字は飛躍的に伸びることだろう。

上記の交流史の中で特筆すべきは、'60年代以降のキューバにおいて、日本映画がアメリカのハリウッド産の映画に代わって娯楽の一翼を担った点であろう。おかげで、その頃に思春期を迎えていた年代（現在60歳以上）のキューバ人たちは、恐ろしく日本通である。黒澤映画（たとえば、『羅生門』や『用心棒』）の三船敏郎や『座頭市』の勝新太郎、NHKドラマの『おしん』のおしんや、『いのち』で脇役を演じた石野真子など、キューバで抜群の知名度を誇っている。多勢に無勢というか、逆境をはねのける役を演じる俳優たちがキューバ人に人気を博したのは、ハバナ大学で映画学を講じるピエドラ教授によれば、大国アメリカに立ち向かう小国キューバという構図をつねに意識せざるをえないからであり、キューバ人の心情や政治イデオロギーに訴えるからである。しかし、現代の若者たちは、そうした政治イデオロギーには無縁で、世界の子どもたちと同様、漫画『ワンピース』や『ナルト』をはじめとして、日本アニメの洗礼をどっぷり受けている。

一方、キューバから日本への影響と言えば、フィデル・カストロに率いられたキューバ革命とその思想が日本の知識人に及ぼした影響を抜きにできない。スポーツ界でも、昭和30年代に阪急ブレーブスで活躍したバルボンをはじめ、多くのキューバ人が日本でプレーしてきた。文学や芸術の分野では、マヌエル・プイグ（『蜘蛛女のキス』）レイナルド・アレナス（『夜になる前に』）などの小説家、トマス・グティエレス・アレア（『苺とチョコレート』）やフェルナンド・ペレス（『永遠のハバナ』）などの映画監督、現代画家のネルソン・ドミンゲス（松山市の三浦美術館の展示会）、ライ・クーダーに見いだされたブエナビスタ・ソーシャルクラブや村上龍のプロデュースしたロス・バン・バンの来日公演、トレスギターの名手パンチョ・アマートの来日コンサートなど、特定のキューバ人アーティストやグループに限定したかたちで、日本の中に浸透してきた。だから、その筋の日本人の専門家やファンは大勢いる。

とはいえ、普通のキューバ人が日本について知っているほどには、普通の日本人はキューバについて知らないのではないか。確かにキューバ革命や政治に関しては、太田昌国や伊高浩昭など、筋の通ったジャーナリストによって、優れた本が数多く刊行されているが、市民の視線に立ってキューバを見たものは意外と少ない。

そこで、僕はできるだけキューバ社会の中に入り込んで、庶民の暮らしを書こうと試みた。キューバの庶民の暮らしといっても、さまざまである。そのすべてを書けるわけではない。初めにひとつ大きな方針を立てた。つまり、自分の寄って立つところはキューバのエリート層ではなく、社会でいちばん周縁におかれた人たちである。

それは、言い換えれば、黒人奴隷の末裔の人たちである。黒人奴隷たちが故郷から身ぐるみはがされて拉致された異国の土地で、それでもこれまで生き延びてこられたのは、なぜなのか。彼らの精神的な支えである黒人信仰〈サンテリア〉の思想に少しでも迫りたかった。

それと同時に、本書は、革命後に数々の経済危機でどんな「夢」も抱けないなか、キューバ島に残った人々だけを扱っている。一見「あっけらかん」と映る彼らの生き方の背後に、どんな秘密があるのか。それが分かれば、いま明るい夢を抱けない日本の若者だって、生きるヒントが得られるかもしれない。奴隷の思想に生き方のヒントがもらえるかもしれない。

人生は不思議なものである。数年前には自分でも想像しなかった世界に生きているのだから。それを言うならば、自分という存在も不思議なものである。少し前には予想しなかったことをしでかしているのだから。

最後に、お世話になった人々にお礼を申し上げたい。２００８年に初めてハバナに旅したおり、いろいろとアドバイスをいただいた寺島佐知子さんと、サンテリアの司祭たちについてご教示いただいた慶応大学准教授の工藤多香子さん、いつも自宅で美味しいコーヒーをご馳走してくれるハバナ大学教授のマリオ・ピエドラさん、ハバナの司祭仲間、とりわけ、僕の師匠であるガビーさん、司祭になるための修行を一緒にした義兄弟のペドロさん、本書に推薦のオビ文を寄せてくださった小説家の村上龍さん、皆さん、ありがとうございます！「猿江商會」の社長兼編集者兼営業マンの古川聡彦さんには、企画から編集、販売にいたるまで、すべてにお世話になりました。お礼の言葉だけでは申し訳ないので、これからイファ占いをやって、この本が売れるよう確実なお祓いをしておきます（笑）。

駿河台にて

２０１６年１月

著者識

越川芳明

YOSHIAKI KOSHIKAWA

1952年生まれ。
明治大学文学部教授、専門は現代アメリカ文学。2009年にキューバの黒人信仰「サンテリア」に弟子入り。2013年に司祭《ババラウォ》の資格を取得(キューバ・ヨルバ協会公認)。主な著書は、『壁の向こうの天使たち――ボーダー映画論』(彩流社)、『ギターを抱いた渡り鳥――チカーノ詩礼賛』(思潮社)、『トウガラシのちいさな旅――ボーダー文化論』(白水社)など。訳書に、エリクソン『きみを夢みて』(ちくま文庫)、ボウルズ編『モロッコ幻想物語』(岩波書店)、クーヴァー『ユニヴァーサル野球協会』(白水社Uブックス)ほか多数。写真は7日間の秘儀を共におこなった義兄弟のペドロ(右)と。

あっけらかんの国 キューバ
革命と宗教のあいだを旅して

2016年2月15日　初版第1刷発行

著　者　　越川芳明

発行者　　古川聡彦
発行所　　株式会社猿江商會
〒135-0006　東京都江東区常盤 2-11-11-302
TEL：03-6659-4946
FAX：03-6659-4976
info@saruebooks.com

装丁・本文デザイン　園木彩
カバーイラスト　加藤ジャンプ
印刷・製本　壮光舎印刷株式会社

ISBN978-4-908260-04-9　C0039 Printed in Japan